RÉPUBLIQUE FRANÇAISE

MINISTÈRE DE LA GUERRE

INSTRUCTION DU 22 JANVIER 1913

RELATIVE AU SERVICE

DE

LA TÉLÉGRAPHIE OPTIQUE

DANS LES

CORPS DE TROUPE D'INFANTERIE

PARIS

HENRI CHARLES-LAVAUZELLE

Éditeur militaire

10, Rue Danton, Boulevard Saint-Germain, 118

(MÊME MAISON A LIMOGES)

1913

INSTRUCTION DU 22 JANVIER 1913

RELATIVE AU SERVICE

DE

LA TÉLÉGRAPHIE OPTIQUE

DANS LES

CORPS DE TROUPE D'INFANTERIE.

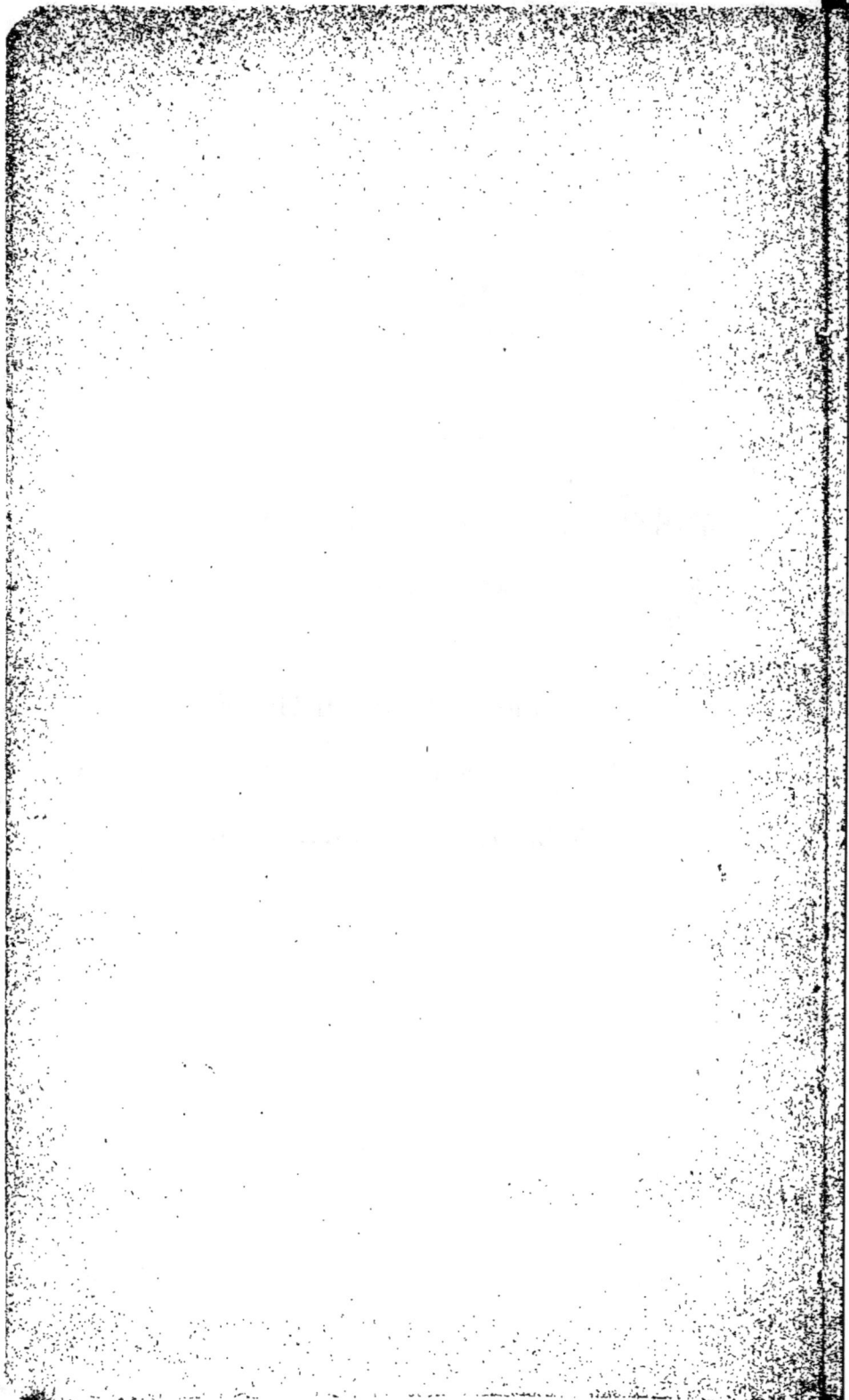

RÉPUBLIQUE FRANÇAISE

—

MINISTÈRE DE LA GUERRE

—

INSTRUCTION DU 22 JANVIER 1913

RELATIVE AU SERVICE

DE

LA TÉLÉGRAPHIE OPTIQUE

DANS LES

CORPS DE TROUPE D'INFANTERIE

PARIS

HENRI CHARLES-LAVAUZELLE

Éditeur militaire

10, Rue Danton, Boulevard Saint-Germain, 118

(MÊME MAISON A LIMOGES)

—

1913

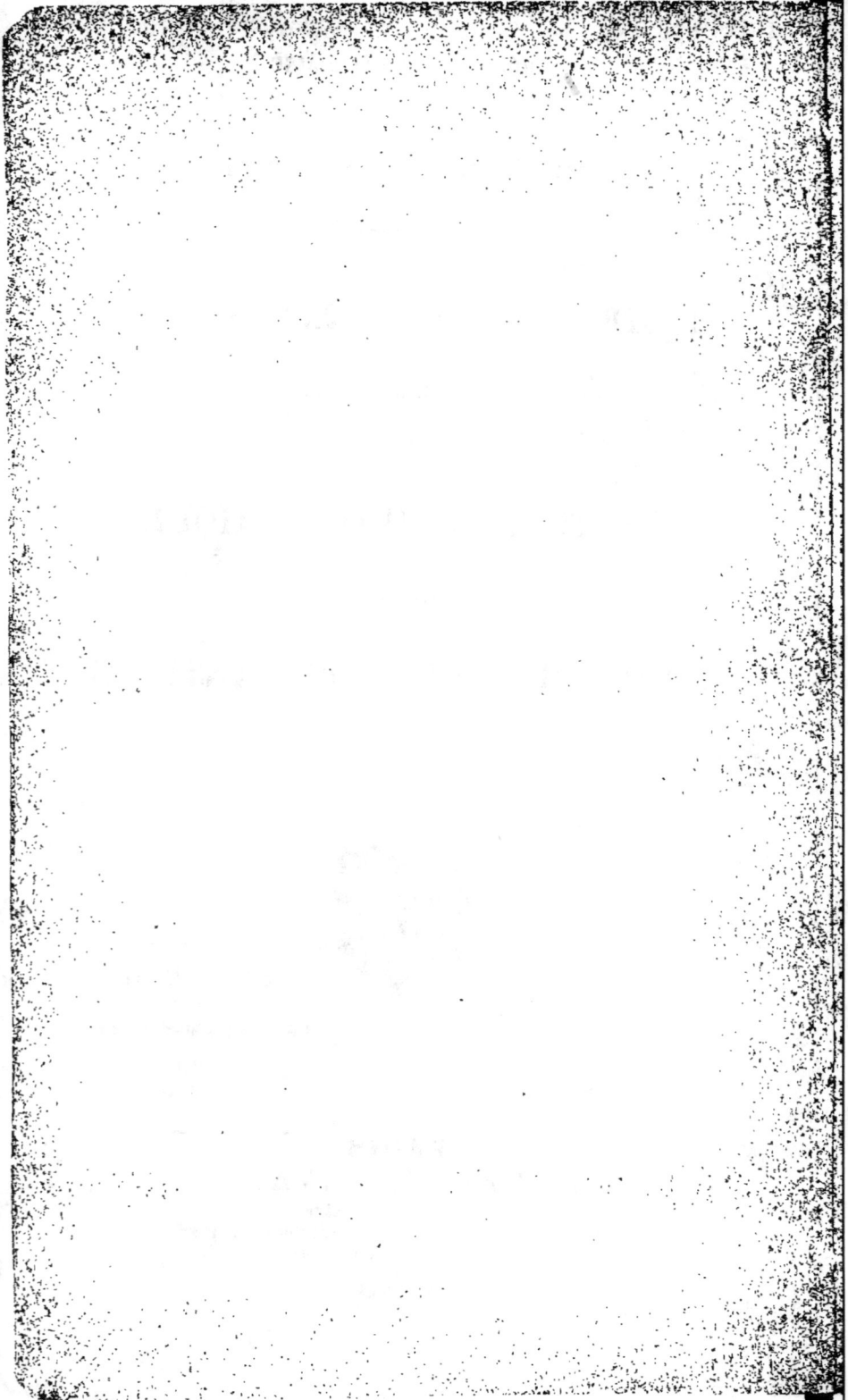

INSTRUCTION DU 22 JANVIER 1913

RELATIVE AU SERVICE

DE

LA TÉLÉGRAPHIE OPTIQUE

DANS LES

CORPS DE TROUPE D'INFANTERIE.

CHAPITRE PREMIER.

BUT, ORGANISATION, FONCTIONNEMENT DU SERVICE
EN TEMPS DE PAIX.

ARTICLE PREMIER.

But, organisation du service.

Dans les corps de troupe de montagne (1), indépendamment du service téléphonique, un service de télégraphie optique est organisé en vue de permettre l'établissement de liaisons *télégraphiques*, à l'intérieur de ces corps de troupe, entre un corps de troupe et un autre voisin (infanterie ou artillerie), entre un corps et le Général de brigade sous les ordres duquel il est placé, enfin entre un corps et des postes fixes ou mobiles desservis par des sapeurs télégraphistes ou des cavaliers télégraphistes.

---

(1) Où existent à la fois des appareils de télégraphie optique et des appareils téléphoniques (7ᵉ, 14ᵉ, 15ᵉ corps d'armée).

Le service de télégraphie optique exige un personnel de télégraphistes (1) spécialement dressés en vue de ce service. Il est, par suite, distinct du service des agents de liaison et de transmission d'ordres (1) prévus par les règlements sur les manœuvres.

Les télégraphistes, comme les téléphonistes, reçoivent toutefois l'instruction spéciale donnée à ces agents de liaison, de façon à pouvoir, le cas échéant, correspondre avec eux. Ils sont, à cet effet, munis de fanions, à raison d'un jeu par atelier.

Le Lieutenant, chef du service téléphonique du corps, est également chef du service de la télégraphie optique. Pour ce dernier service, il est secondé par un sous-officier rengagé. Ce gradé, ainsi que le sous-officier chargé des ateliers téléphoniques du corps, sont choisis parmi ceux ayant fait un stage au régiment de sapeurs télégraphistes du Mont-Valérien, conformément aux prescriptions du renvoi (2).

---

(1) La dénomination de « télégraphistes » est exclusivement réservée aux hommes qui servent les appareils optiques.

L'appellation des « agents de liaison et de transmission d'ordres » désigne les gradés et hommes du rang dressés en vue de l'établissement de communications à courte distance, soit à pied, soit au moyen de signaux faits à l'aide de fanions, le jour, de lanternes réglementaires ou de fortune, la nuit.

(2) Chaque corps de troupe d'infanterie pourvu d'appareils optiques envoie annuellement un officier et un sous-officier au régiment de sapeurs télégraphistes du Mont-Valérien, en vue d'assister à l'une des trois séries de cours d'une durée de dix jours, savoir :

1re série : Corps de troupe de la 15e région, du 1er au 10 juin inclus;

2e série : Corps de troupe de la 14e région, du 11 au 20 juin inclus;

3e série : Corps de troupe de la 7e région, du 21 au 30 juin inclus.

Ils doivent arriver dans la matinée du jour d'ouverture de leurs cours.

Les sous-officiers sont casernés et mis en subsistance au régiment de sapeurs télégraphistes du Mont-Valérien.

Les chefs de corps ne doivent désigner que des officiers et des sous-officiers parfaitement aptes, et que des études

Le service de la télégraphie optique est assuré par des ateliers de télégraphie optique en nombre variable suivant les corps et par des lots de matériel. (Annexes 1 et 2, tableaux E et F.)

Un atelier de télégraphie optique assure le service d'un appareil; il constitue *un poste* et comprend trois télégraphistes (1), dont un gradé (2) chef de poste.

ART. 2.

Renouvellement et instruction du personnel.

Le personnel des ateliers de télégraphie optique est renouvelé dans les conditions prescrites pour les ateliers téléphoniques (3).

Les élèves télégraphistes doivent posséder une bonne vue.

L'instruction des équipes est donnée comme il est dit au chapitre III ci-après. Elle est dirigée, parallèlement à celle des téléphonistes du corps, par le Lieu-

---

préliminaires ont suffisamment préparés pour qu'ils puissent suivre les cours avec profit. Ceux qui sont reconnus insuffisants rejoignent immédiatement leur corps.

Les gradés ayant déjà suivi un cours peuvent être désignés une seconde fois, après un intervalle minimum d'un an, afin que chaque corps intéressé ait toujours, en cas de modification des appareils, un officier et deux sous-officiers connaissant le service. (Extraits de la circulaire ministérielle du 5 avril 1910.)

Le programme des cours, qui comporte la télégraphie optique et la téléphonie, fait l'objet de l'annexe n° 7.

(1) Les télégraphistes portent, comme insigne distinctif, des foudres brodés sur la manche gauche du vêtement. Ces foudres sont du modèle en usage dans le service de la télégraphie militaire. (Vol. 1051, p. 231.)

Mention de leur emploi spécial est portée sur le livret matricule des hommes de troupe avec la mention (très apte, apte, peu apte) méritée par chacun d'eux.

(2) Caporal ou sous-officier.

(3) Instruction relative au service téléphonique dans les corps de troupe d'infanterie (chapitre 1er, art. 2).

tenant chef du service et ses deux sous-officiers adjoints.

Ces gradés sont secondés par les chefs d'atelier.

Les ateliers de télégraphie optique et de téléphonie étant destinés, en montagne, à opérer fréquemment en collaboration, l'instruction des équipes doit être menée de telle façon que les hommes, tout en restant spécialisés comme télégraphistes ou comme téléphonistes, connaissent suffisamment la manipulation des appareils optiques ou téléphoniques, ainsi que les règles de service de ces appareils, pour pouvoir au besoin se suppléer.

L'instruction est conduite d'après les mêmes règles que celles données pour les ateliers téléphoniques (1).

Toutefois, à partir du 15 février, les équipes (télégraphistes et téléphonistes) sont laissées quatre après-midi par semaine à la disposition de leurs instructeurs. L'instruction des élèves doit être terminée pour le 15 juin.

A partir du 1er juin, il est fait une séance de nuit par semaine. Le personnel des ateliers optiques (2) des corps d'infanterie, les télégraphistes de cavalerie et du génie d'une même garnison, participent à ces séances. Les programmes des exercices à effectuer en commun sont établis par le commandant d'armes, après entente avec les chefs de corps intéressés, et, s'il y a lieu, avec le chef du génie.

Le personnel des ateliers de télégraphie optique peut également être appelé à exécuter des exercices à grande distance (3).

---

(1) Instruction relative au service téléphonique dans les corps de troupe d'infanterie (chapitre 1er, art. 3).

(2) Et éventuellement le personnel des ateliers téléphoniques, dans la mesure et dans les conditions indiquées, pour chaque cas, par le chef de corps.

(3) Le personnel qui participe à ces exercices peut recevoir l'indemnité prévue par la décision présidentielle du 24 avril 1886, et dans la limite de huit séances par an, pour l'ensemble des télégraphistes. Cette indemnité est mandatée par le service de l'intendance, sur les crédits alloués pour les services techniques.

ART. 3.

Dispositions relatives aux corps de troupe des réserves.

Le service des appareils de télégraphie optique, dont sont dotés les corps de troupe de réserve et de territoriale (1), est assuré par les « *éléments spécialisés pour la guerre de montagne* », prévus pour ces corps, par les tableaux d'effectif de guerre.

Les règles édictées pour la constitution, le fonctionnement, l'instruction des ateliers téléphoniques des corps de troupe de réserve et de territoriale, sont applicables aux éléments spécialisés de ces corps.

ART. 4.

Matériel.

Le matériel optique d'un corps de troupe comprend :

1° Un certain nombre d'appareils optiques complets avec accessoires et pied, constituant un nombre variable d'ateliers (Annexes 1 et 2, tableau E);

2° Un certain nombre d'assortiments d'objets divers pour télégraphie optique à raison d'un assortiment par appareil (Annexes 1 et 2, tableau F);

3° Un lot de matériel d'instruction (Annexe 2, tableau H) destiné à servir à l'instruction et au fonctionnement des ateliers en temps de paix.

Le classement, les conditions d'emploi, l'entretien, le renouvellement, l'inspection, les visites techniques de ce matériel sont assujettis aux mêmes règles que le matériel téléphonique.

_____

(1) Des 14ᵉ et 15ᵉ régions.

En ce qui concerne les dépenses destinées à l'achat des ingrédients nécessaires à l'entretien des appareils, aux menues réparations des objets, ainsi qu'au remplacement de tout le matériel classé en 3ᵉ catégorie (matériel de la réserve de guerre et d'instruction), les prestations allouées aux corps de troupe sont indiquées ci-après :

Par appareil optique affecté à un corps de l'armée active, 5 francs.

Par appareil optique affecté à un corps de la réserve, 1 franc.

Par appareil optique affecté à un corps de la territoriale, 1 franc.

CHAPITRE II.

FONCTIONNEMENT ET UTILISATION DU SERVICE DE LA TÉLÉGRAPHIE OPTIQUE EN CAMPAGNE.

———

ARTICLE PREMIER.

Fonctionnement du service.

En principe, dans chaque régiment ou bataillon formant corps, les ateliers de télégraphie optique et les ateliers téléphoniques sont réunis en un groupe placé sous les ordres du Lieutenant chef du service de la télégraphie optique et du service téléphonique.

Les prescriptions données au chapitre II (art. 1er) de l'Instruction relative au service téléphonique dans les corps de troupe d'infanterie, au sujet des fonctions et devoirs du Lieutenant chef du service téléphonique, du sous-officier adjoint, des chefs d'atelier, sont à observer en ce qui concerne les ateliers optiques.

ART. 2.

Principes généraux d'utilisation.

Le groupe des ateliers de télégraphie optique et des ateliers téléphoniques constitue un organe régimentaire à la disposition du chef de corps ou de détachement, qui utilise ces ateliers au mieux des circonstances du moment, soit pour relier entre elles ou avec lui les unités de son corps de troupe, soit encore pour relier sa troupe avec une autre ou avec le poste de commandement du groupement supérieur, soit enfin pour assurer une communication de concert avec des postes de sapeurs télégraphistes, ou de cavaliers télégraphistes.

La télégraphie optique est employée conjointement avec les autres moyens de liaisons dont le corps est pourvu. Elle a pour caractéristique de permettre l'établissement de communications difficiles à intercepter ou à troubler, ne nécessitant qu'un matériel peu volumineux, facilement transportable et dont la mise en œuvre n'exige qu'un petit nombre de télégraphistes. De plus, les efforts matériels nécessités par son installation ne sont pas comparables à ceux qu'entraîne la construction sur de grandes distances d'une ligne télégraphique ou téléphonique. Par contre, la transmission est très lente (60 mots en une demi-heure); le bon fonctionnement des appareils dépend absolument du temps et peut même être totalement interrompu par le brouillard; enfin, les points de stationnement des postes sont parfois difficiles à trouver.

En principe, dans un poste optique, chaque ligne est desservie par un appareil qui lui est spécialement affecté.

Les postes doivent être déplacés le plus rarement possible : plus ils restent longtemps sur un même emplacement, plus ils rendent de bons services.

Dans le voisinage de l'ennemi, les postes sont installés à l'abri des vues et des coups.

ART. 3.

Utilisation tactique.

En montagne, les dispositifs de stationnement, de sûreté de marche, de combat, comportent fréquemment une grande dispersion des unités. Celles-ci, séparées les unes des autres et du commandement, non seulement par des obstacles très sérieux, voire infranchissables, mais encore par des distances souvent considérables, ne peuvent, dans beaucoup de cas du moins, être reliées que par des signaux.

La télégraphie optique pourra donc servir aux mêmes usages que les signaux à bras. De plus, en raison de la portée considérable des appareils, elle sera surtout utilisée pour relier des points éloignés de plus de 2.000 mètres.

a) *Au stationnement.*

La télégraphie optique pourra être avantageusement employée pour relier entre eux et avec le commandement, des cantonnements éloignés, notamment pendant la nuit.

b) *Aux avant-postes.*

Aux avant-postes, la télégraphie optique trouvera un large emploi, principalement pour compléter le réseau de transmission par signaux à bras, et pour le prolonger aussi loin qu'il sera nécessaire vers l'arrière. Parfois aussi, elle pourra être utilisée pour relier le commandement, soit avec un point important de la ligne des petits postes, soit avec des unités détachées au loin, soit encore avec des reconnaissances.

c) *En marche.*

Les difficultés de maintenir la liaison par la télégraphie optique augmentent beaucoup lorsque les troupes sont en marche.

On trouvera cependant des occasions de l'utiliser, en général dans les positions de stationnement momentané, pour relier un gros de troupes avec les éléments qui le couvrent, ou pour relier latéralement deux colonnes voisines suivant des chemins parallèles, ou manœuvrant ensemble sur des terrains séparés par des obstacles importants du sol (1).

d) *Au combat.*

Au combat, où les fronts sont parfois très étendus, où les unités sont souvent séparées par des obstacles difficiles à franchir, l'usage de la télégraphie optique sera fréquent et imposé devant l'impossibilité d'utiliser dans des conditions convenables tout autre moyen de liaison (cavalier, cycliste, piéton).

Sur la ligne de feu, les communications optiques ne seront possibles que dans des cas exceptionnels; le plus souvent il y aura avantage à leur préférer les communications par signaux à bras (offensive) ou par téléphone (défensive).

Dans le cas particulier d'une troupe investie, la télégraphie optique restera le plus précieux des auxiliaires, pour établir et maintenir une liaison avec l'extérieur, et notamment avec une troupe de secours, en vue d'obtenir une combinaison des efforts.

Enfin, la télégraphie optique pourra également trouver son emploi dans le cas d'opérations combinées de terre et de mer, entre le littoral et des navires au mouillage, ou encore pendant l'embarquement ou le débarquement de troupes.

_____

(1) Même pendant le mouvement, on pourra, dans certains cas, relier optiquement un point de l'itinéraire suivi par une colonne à un point de l'itinéraire suivi par une autre voisine, et faire compléter la liaison sur chaque itinéraire par des cyclistes ou des cavaliers.

ART. 4.

Ravitaillement du matériel.

Les ateliers de télégraphie optique sont ravitaillés en matériel et objets de consommation par les parcs du génie d'armée (1).

Toutefois, les objets de consommation sont d'abord remplacés au moyen d'achats faits sur place. Si les ressources locales font défaut, on a recours aux approvisionnements des lots de matériel (2) qui suivent les corps. Le pétrole et le carbure qui entrent dans la composition de ces lots de matériel constituent une réserve à l'usage des ateliers auxquels ces lots correspondent.

Les demandes de ravitaillement se font dans les mêmes conditions que les demandes de ravitaillement en outils portatifs.

---

(1) La compagnie de parc du génie d'armée possède un certain nombre d'appareils pour assurer le ravitaillement en appareils des corps de troupe des Alpes et du 7ᵉ corps d'armée.

Il existe, en outre, dans les stations-magasins, une réserve de ravitaillement importante.

(2) Il existe un lot de matériel pour télégraphie optique par appareil optique.

CHAPITRE III.

MÉTHODE D'INSTRUCTION.

Exercices préparatoires.

L'instruction des élèves télégraphistes commence par des *exercices préparatoires* qui ont pour but de leur apprendre tous les rudiments nécessaires à la transmission et à la réception d'un télégramme optique, et qui comprennent à cet effet :

A. L'étude des appareils de $0^m,10$;

B. L'étude des règles de service;

C. L'étude de l'alphabet Morse;

D. Les exercices avec l'appareil d'instruction;

E. Les exercices de réception avec l'appareil optique.

Les exercices placés dans cette partie de l'instruction, et dont l'importance, en vue de former de très bons télégraphistes, est capitale, sont menés de front.

A. **L'Étude des appareils de $0^m,10$** (description, fonctionnement, emploi et entretien) fait l'objet du chapitre IV de la présente instruction.

B. **L'Étude des règles de service** constitue le chapitre VI de la présente instruction.

C. **Etude de l'alphabet Morse** (Annexe n° 3).

Lettres. — Si on essaye d'apprendre les différents signaux de l'alphabet Morse, les uns après les autres, dans l'ordre des lettres qu'ils représentent, il faut de grands efforts de mémoire pour se les assimiler; mais si, au contraire, on tient compte du rapport qui existe entre ces signaux, si on prend soin de les classer, la tâche devient plus aisée.

C'est ainsi qu'on peut, par exemple, diviser l'alphabet en cinq groupes (1).

1ᵉʳ GROUPE.	2ᵉ GROUPE.
e	t
i	m
s	o
h	ch

3ᵉ GROUPE.	4ᵉ GROUPE.	5ᵉ GROUPE.
a	n	j
u	d	r
v	b	p
w	g	k
l	f	x
c	à	é
y	q	
z	ü	

(1) Un moyen mnémotechnique pour retenir facilement certaines lettres de l'alphabet Morse, consiste à former des mots en commençant par la lettre à traduire en Morse ou dont la consonnance rappelle cette lettre, et dans lesquels les voyelles représentent des traits et les consonnes des points.

Exemples :
- a as
- b beau
- c ceci
- d duo
- g glu
- r ère
- k car
- etc...

En examinant les quatre premiers groupes, on remarque :

Que le premier est composé de lettres formées exclusivement avec des points;

Que le deuxième est composé de lettres formées
exclusivement avec des traits;

Qu'en inversant l'ordre des signes formant les lettres
du troisième groupe, on obtient celles du quatrième
groupe et réciproquement. On peut donc établir un
rapprochement entre ces différentes lettres, et poser
ainsi des jalons dans la mémoire.

Les lettres du cinquième groupe n'ayant pas d'équi-
valents inverses ont été mises à part.

•

Chiffres. — La règle qui a présidé à la formation des
chiffres est plus facile à retenir. Tous se composent de
5 signes. De 1 à 5, les points qui précèdent les traits
et leur nombre. donnent la valeur des chiffres; de 6 à 0,
les traits précèdent les points; il y a autant de traits
que le chiffre a d'unités au-dessus de 5.

1 ·▬▬▬▬	6 ▬····
2 ··▬▬▬	7 ▬▬···
3 ···▬▬	8 ▬▬▬··
4 ····▬	9 ▬▬▬▬·
5 ·····	0 ▬▬▬▬▬

Ponctuation et indications de service. — Pour se les
graver dans la mémoire, on les décompose en lettres
comme il est indiqué à l'annexe 3.

L'étude de l'alphabet se fait au moyen d'*exercices
écrits* et d'*exercices oraux.*

Exercices écrits. — On fait d'abord traduire en caractères Morse les différents groupes de signaux, en
commençant par le premier, et en observant de ne
passer au groupe suivant que lorsque les élèves pos-
sèdent parfaitement le groupe précédent.

On passe ensuite aux chiffres, puis à la ponctuation, et on termine par les indications de service.

Lorsque les élèves télégraphistes commencent à posséder toutes les lettres de l'alphabet, on les exerce à traduire des mots, puis des phrases et enfin des dépêches.

Exercices oraux. — Les exercices oraux s'exécutent alternativement avec les exercices écrits; ils servent d'auxiliaires aux exercices écrits pour l'étude de l'alphabet, et ont pour but principal d'habituer les élèves à la cadence de la manipulation (1).

Pour arriver à une bonne manipulation, il est nécessaire que la cadence soit régulière; on doit donc y habituer les élèves dès le début de l'instruction.

La cadence de manipulation pour les débutants est celle du pas cadencé (120 temps par minute). Lorsque les élèves sont suffisamment instruits, ils accélèrent un peu la transmission de manière à prendre la cadence du pas gymnastique (170 temps par minute).

Dans la manipulation, les points valent 1 temps, les traits 4 temps, c'est-à-dire que la durée de l'éclat lumineux envoyé est quatre fois plus considérable pour le trait que pour le point.

La valeur de l'interruption des éclats lumineux est de :

1 temps entre les signes d'une même lettre,
4 temps entre deux lettres.

L'instruction orale est conduite de la manière suivante :

On commence par habituer les élèves télégraphistes à la *cadence des points*, en leur faisant compter à haute voix : 1, 2, 1, 2, etc...; le premier temps représente la

---

(1) On doit s'efforcer d'obtenir une cadence de manipulation parfaite afin de donner l'impression nette des points et des traits.

valeur d'un point; le deuxième temps, la valeur de l'interruption entre deux signes.

On passe ensuite à la *cadence des traits*, en leur faisant compter *1, 2, 3, 4, 5, 1, 2, 3, 4, 5*, etc.: les quatre premiers temps représentent la valeur du trait, le cinquième, la valeur de l'interruption entre deux signes.

On continue les exercices en faisant alterner les points avec les traits : 1, 2, 1, 2, 3, 4, 5, 1, 2, 1, 2, 3, 4, 5, etc..., ensuite en faisant envoyer une à une les lettres comprenant les différents groupes de l'alphabet, puis des mots, enfin des phrases (1).

Lorsque les élèves télégraphistes sont suffisamment familiarisés avec l'alphabet et la cadence, on les exerce à la manipulation avec l'appareil d'instruction.

D. — Exercices avec l'appareil d'instruction.

Description de l'appareil (fig. 1). — L'appareil d'instruction est destiné à permettre d'enseigner, d'une façon pratique, aux débutants, la cadence de l'alphabet Morse, et de les préparer à la manipulation de l'appareil de $0^m,10$.

Il comprend la partie supérieure et son pied.

A la partie supérieure sont fixés un manipulateur et un obturateur semblables à ceux des appareils optiques. En appuyant sur le manipulateur, on démasque

---

(1) On remarquera que l'intervalle entre les lettres d'un même mot, qui est de quatre temps, comprend déjà le dernier temps de la lettre envoyée. On ne devra donc plus compter en réalité que trois temps entre les deux lettres à transmettre.

Ainsi A (. —) « B (— . . .), s'énonceront : 1. 2, 1. 2. 3. 4. 5, 1. 2. 3, 1. 2. 3. 4. 5, 1. 2, 1. 2, 1. 2.

La partie soulignée représente la valeur de l'interruption entre A et B.

Les mots « Si », « Oui », s'énonceront ainsi :

1. 2, 1. 2, 1. 2. 3, 1. 2, 1. 2, le point, 1. 2. 3. 4. 5, 1. 2. 3. 4. 5, 1. 2. 3. 4. 5, 1. 2. 3. 1. 2, 1. 2, 1. 2. 3. 4. 5, 1. 2. 3. 1. 2, 1. 2, le point.

un disque rouge peint sur la plaquette postérieure, et qui est destiné à figurer la flamme.

Les exercices ont lieu dans les chambres ou en plein air, et toujours à courte distance.

Fig. 1.

Exercices de manipulation et de réception. — L'appareil d'instruction sert à exercer les élèves à la manipulation; il permet d'éviter que les débutants ne détériorent les appareils par une manipulation trop dure.

On répète d'abord les exercices oraux, en suivant la progression ci-après :

Points; traits; points et traits alternés;

Différentes lettres de l'alphabet;

Mots; phrases;

Télégrammes.

Le *point* se fait en appuyant brusquement à fond sur le manipulateur et en le laissant remonter immédiatement. On compte *un* en appuyant sur le manipulateur, *deux* en le laissant remonter (1).

Le *trait* se fait de la même manière que le point, mais on maintient le manipulateur abaissé jusqu'à ce qu'on ait compté quatre temps; on le laisse remonter au cinquième (1).

L'instructeur doit s'attacher à obtenir une manipulation régulière (2); à cet effet, il exige que les élèves comptent à haute voix, en même temps qu'ils manipulent, de façon que l'émission des signaux ait lieu exactement au moment même où la voix indique le temps.

Lorsque les élèves sont bien rompus à la manipulation, l'instructeur les fait passer aux exercices de lecture.

Les élèves sont placés à quelques mètres (3) en avant de l'appareil, l'instructeur envoie successivement les différentes lettres de l'alphabet, les chiffres, la ponctuation, puis des mots; les hommes s'exercent à lire les signaux qui leur sont envoyés. Lorsqu'une lettre

---

(1) Exemples :

Les figures ci-dessus indiquent les positions du manipulateur pendant l'exécution des signaux; les flèches dirigées vers le bas indiquent que le manipulateur est abaissé; celles dirigées vers le haut, que le manipulateur est relevé.

(2) En vue d'arriver à une cadence parfaite indispensable pour donner l'impression nette des points et des traits.

(3) Il y a intérêt à placer les élèves à au moins 20 mètres de l'appareil d'instruction, chaque fois que c'est possible, afin de les empêcher d'entendre le bruit du manipulateur.

n'est pas saisie, l'instructeur la répète plusieurs fois si c'est nécessaire (1).

On exerce ensuite les élèves à envoyer eux-mêmes des mots, puis des phrases entières.

E. Exercices de réception avec l'appareil de 0ᵐ,10.

Les élèves télégraphistes ayant été exercés à la lecture des signaux au moyen de l'appareil d'instruction, on les habitue à recevoir à petite distance des signaux donnant l'illusion d'un feu vu à grande distance.

A cet effet, on adapte sur l'appareil optique un diaphragme (2) destiné à diminuer la grosseur du feu — sans toutefois réduire le champ de l'appareil.

Lecture en chapelet. — Placer les hommes par groupes de deux, en face d'un appareil optique muni

---

(1) Un bon exercice consiste à faire lire l'*image* du feu d'un appareil de 0ᵐ,10 dans un miroir concave placé en face de lui.

(2) *Description d'un diaphragme.* — On peut constituer un diaphragme au moyen d'un disque métallique (tôle, zinc, etc.) de 12 centimètres de diamètre (fig. 2), percé en son centre d'un petit trou (2 à 6 millimètres) destiné au passage des rayons lumineux. Ce disque est soudé sur une bague cylindrique de 15 millimètres de hauteur, pouvant s'encastrer exactement sur la monture de l'objectif.

Le diaphragme des appareils de 0ᵐ,10 modèles 1886-1896 et 1908 peut être formé plus simplement par une feuille de tôle (fig. 3) ou même de carton de forme rectangulaire, que l'on encastre à l'avant de l'appareil, contre les bords de la cage.

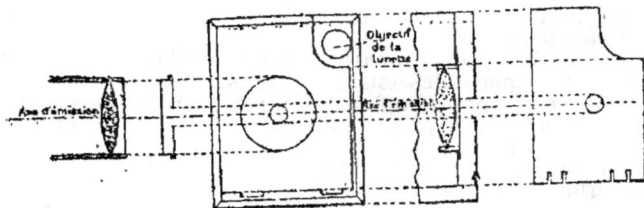

Fig. 2.   Fig. 3.

d'un diaphragme à grande ouverture. Dans chaque groupe, l'un des hommes regarde l'appareil et dicte lettre par lettre, à voix basse; l'autre tourne le dos et écrit sous la dictée du précédent (1).

Un instructeur, placé à l'appareil, transmet un télégramme complet, d'abord lentement, en séparant bien les mots, puis plus rapidement, de manière à atteindre la vitesse normale.

Un autre instructeur veille à ce que les mots soient bien dictés, *lettre par lettre*, au fur et à mesure de leur lecture (2).

ART. 2.

Exercices d'instruction.

Les hommes étant suffisamment exercés à la transmission des signaux, puis à leur lecture, comme il est dit ci-dessus, on passe à des *exercices de transmission et de réception avec les appareils optiques*.

Ces exercices d'instruction ont d'abord lieu à petite distance (3), puis à grande distance. Ils sont complétés par des exercices de recherche de correspondant.

Poste à poste à petite distance. — Les élèves sont divisés en petits groupes de 2 à 4 hommes (au maximum), de façon à former autant de postes qu'il y a d'appareils; on place ces postes vis-à-vis les uns des autres, à une distance d'environ 100 mètres (4).

---

(1) Permuter les hommes à intervalles assez rapprochés (10 minutes environ).

(2) Le champ de l'appareil étant assez faible, les groupes sont peu espacés les uns des autres; aussi il y a intérêt à surélever l'appareil optique de manière que les derniers groupes d'hommes puissent apercevoir le feu, sans être gênés par les premiers.

(3) Munir, à cet effet, les appareils d'un diaphragme à ouverture convenable.

(4) Ces exercices peuvent avoir lieu dans la cour du quartier, d'une chambre d'un bâtiment à une chambre d'un autre bâtiment, etc.

Les appareils sont d'abord munis de diaphragmes à ouvertures assez grandes pour permettre la *lecture à l'œil nu*. Les premières séances ont pour but de faire appliquer les règles spéciales à la transmission et à la réception, en télégraphie optique.

Tout en exigeant que les élèves transmettent à une cadence régulière, l'instructeur doit particulièrement s'attacher à faire observer les règles de service. Il s'assure, en créant au besoin des incidents analogues à ceux qui se produisent pendant une transmission (1), que les hommes connaissent bien toutes les règles.

Les exercices sont ensuite répétés avec des diaphragmes à faible ouverture, exigeant, pour la lecture des signaux, l'emploi de la lunette. L'effectif de chaque poste est alors réduit à 2 hommes (un manipulant et son aide), qui alternent d'ailleurs entre eux, dans leurs fonctions.

Poste à poste à grande distance. — Lorsque les hommes transmettent et reçoivent correctement, et appliquent *sans hésitation* les règles de service, on passe à des séances d'optique de jour et de nuit, les postes étant placés, d'abord à moyenne distance (2 kilom.), puis plus loin (6 kilom.), et jusqu'aux distances extrêmes de visibilité.

Les postes sont d'abord installés en des points bien connus, faciles à retrouver, de manière que la mise en station soit facile et que les communications puissent s'établir rapidement (2).

Exercices de recherche du correspondant. — Lorsque l'échange des télégrammes a lieu normalement aux

---

(1) **Mauvais feu.** — Manipulez doucement. — Télégramme urgent, etc. (Voir art. 5, chap. VI).

(2) Si plusieurs postes sont voisins, et desservent des directions sensiblement convergentes, il est nécessaire de les éloigner entre eux d'une quantité supérieure au *champ d'émission* de l'appareil afin d'éviter qu'un poste aperçoive plus d'un feu dans le champ de sa lunette.

distances pratiques d'emploi des appareils, on répète ces exercices en indiquant simplement l'emplacement de chaque poste sur la carte, comme d'ailleurs cela aura lieu en campagne.

Les séances ont spécialement pour but la recherche du correspondant.

Tout d'abord, un des postes peut être choisi en un point connu et très apparent, facile à retrouver pour le correspondant.

Ensuite, les deux emplacements sont des points quelconques, non caractéristiques, ou mieux encore, des zones de terrain sur lesquelles le point exact devra être déterminé par le chef de poste lui-même, de manière qu'il soit obligé de faire la reconnaissance de cette zone et qu'il ait à vérifier si la visibilité est possible.

Dans tous ces exercices, les chefs de poste doivent faire preuve d'initiative, et même ne pas hésiter à s'installer en dehors de la zone qui leur est attribuée, s'ils reconnaissent que la communication est impossible par suite d'accidents topographiques ou autres, non indiqués par la carte (1).

ART. 3.

Exercices d'application.

Ces exercices ont pour but de préparer le personnel aux diverses fonctions qui lui incomberaient en campagne.

Ils sont exécutés à distance réelle; ils sont toujours combinés avec des thèmes tactiques d'abord très simples; ils comprennent des péripéties diverses, telles que changement d'emplacement imprévu par un poste, ou simultanément par les deux.

---

(1) Pour la recherche du correspondant, les chefs de poste doivent *strictement* se conformer aux indications données au chapitre V, article 4.

Les distances entre les postes sont augmentées progressivement jusqu'aux limites extrêmes de la visibilité (1), de jour et de nuit, ainsi que l'indécision sur l'emplacement probable du correspondant.

Les plus profitables de ces exercices sont ceux qui sont exécutés au cours des manœuvres de cadres, de manœuvres avec troupes, et des exercices de service en campagne.

Les ateliers téléphoniques du corps, appelés à fonctionner fréquemment en collaboration avec les ateliers optiques, participent à tous ces exercices d'application et sont utilisés suivant les circonstances, soit pour compléter, soit pour doubler, soit même, dans certains cas, pour suppléer une communication optique.

Enfin, l'instruction est complétée au cours des manœuvres alpines et des manœuvres d'automne, qui en constituent le couronnement.

---

(1) Les distances qui doivent séparer les postes varient avec les circonstances atmosphériques, le terrain et la situation tactique. Dans les conditions moyennes, l'appareil de 0ᵐ,10 permet de communiquer la nuit jusqu'à 10 kilomètres.

CHAPITRE IV.

DESCRIPTION, MISE EN ŒUVRE ET ENTRETIEN
DU MATÉRIEL DE TÉLÉGRAPHIE OPTIQUE.

ARTICLE PREMIER.

Des appareils optiques.

Nomenclature et port du matériel. — La répartition et le détail des appareils et objets constituant le matériel de télégraphie optique, dont certains corps de troupe sont dotés, sont donnés dans les annexes 1 et 2.

Le matériel est, en principe, porté sur les voitures des unités. Toutefois, il peut également être porté par les télégraphistes (1). Dans ce cas, les appareils sont répartis (2) entre les hommes. Ces hommes sont alors déchargés de leur sac et d'une partie de leurs cartouches, mais ils peuvent arrimer sur leur chargement, au moyen de courroies appropriées, un petit ballot renfermant les objets indispensables.

Le Lieutenant chef du service fixe, d'après les instructions du chef de corps, les conditions dans lesquelles le matériel optique doit être porté sur les voitures ou sur les hommes.

Principe des appareils optiques. — Tout appareil optique comprend essentiellement :

1º *Un système d'émission* permettant d'envoyer faci-

---

(1) Sauf les lots de matériel de rechange, toujours portés sur une voiture du corps.

(2) Voir pour cette répartition le tableau E de l'annexe 2.

lement et à volonté des faisceaux lumineux dans la direction du poste avec lequel on désire correspondre;

2° *Un système de réception* destiné à recevoir et, par suite, à observer les faisceaux lumineux envoyés par l'appareil du correspondant.

Dans tout appareil optique de campagne, ces deux systèmes sont liés entre eux de telle sorte que, si le système de réception de l'appareil est dirigé sur le poste avec lequel on désire correspondre, le faisceau lumineux émis par l'appareil se trouve dirigé sur ce même point, et peut par suite être aperçu par le correspondant et inversement.

1° *Système d'émission.* — Le système d'émission est basé sur les propriétés des lentilles sphériques convergentes

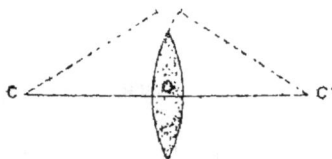

Fig. 4.

On désigne sous ce nom une masse de verre plus épaisse au centre que sur les bords, et limitée par deux surfaces sphériques (fig. 4). La droite qui joint les centres C et C' des deux sphères est appelée *axe principal de la lentille;* le point O, situé à peu près au milieu de la partie de l'axe principal limitée aux deux surfaces sphériques, est appelé *centre optique.*

Lorsqu'on fait tomber sur une lentille convergente les rayons provenant d'une source lumineuse suffisamment éloignée, ces rayons, après avoir traversé la lentille, convergent sensiblement en un point appelé *foyer.* Si ces rayons sont parallèles entre eux ainsi qu'à l'axe principal de la lentille, leur point de convergence F se trouve sur cet axe et prend le nom de *foyer principal* (fig. 5). Inversement, si on place au foyer principal F d'une lentille convergente une

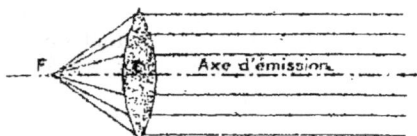

Fig. 5.

source lumineuse très petite (fig. 6), les rayons émis par cette source forment, après avoir traversé la lentille, un faisceau cylindrique de rayons *parallèles à l'axe principal*. Avec les sources lumineuses de dimen-

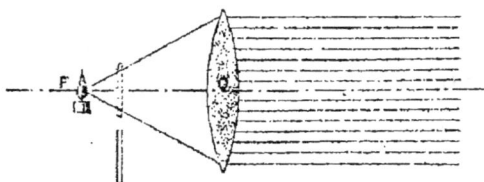

Fig. 9.

sions appréciables généralement employées, on obtient des faisceaux coniques d'autant moins ouverts que les sources ont des dimensions plus faibles.

Fig. 7.

On constitue le système d'émission en plaçant une source lumineuse au foyer principal d'une lentille convergente qui prend le nom d'*objectif* et dont l'axe principal prend le nom d'axe d'émission. On dispose, entre l'objectif et la source, une palette ou obturateur P, permettant d'interrompre à volonté le faisceau obtenu (fig. 6). Par le jeu de cette palette, on démasque le feu de la source lumineuse, et on produit à volonté des *éclats lumineux courts ou longs* donnant *les points et les traits des signaux Morse.*

Champ d'émission. — On appelle *champ d'émission d'un appareil* (fig. 7) l'ensemble des points de l'espace d'où l'on peut apercevoir le feu de l'appareil. Ce champ est limité par le prolongement d'un cône dont le sommet est au centre optique de l'objectif d'émission et qui a pour base la source lumineuse.

2° *Système de réception.* — Le système de réception est constitué par une lunette terrestre (1).

L'axe de la lunette est dit *axe de réception.*

Champ de réception ou champ de lunette. — On appelle *champ de réception ou champ de lunette* l'ensemble des points de l'espace que l'œil peut apercevoir dans la lunette.

Classification des appareils. — Chaque type d'appareil est désigné par le diamètre de son objectif d'émission exprimé en centimètres.

Les appareils dont sont dotées les troupes d'infanterie en montagne, ont un diamètre d'objectif uniforme de 0^m,10. Ils sont de trois modèles (2), savoir :

Appareil de 0^m,10, modèle 1896;

—   0^m,10,   —   1886-1896;

—   0^m,10,   —   1908.

(1) Voir la description page 34.

(2) Les appareils de 0^m,10, modèle 1908 (avec héliographe de campagne, m^{le} 1909), sont destinés à remplacer les appareils modèles 1886-1896 et 1896, dans les troupes active et de réserve où ils sont encore actuellement en service.

Toutefois, les formations territoriales resteront vraisemblablement dotées de ces modèles plus anciens, et, en tous cas, ces modèles constitueront le chargement des voitures prévues pour le ravitaillement des appareils optiques.

Les appareils optiques de campagne d'un calibre
supérieur à 0m,10 ne sont généralement pas employés
par les troupes d'infanterie; cependant, celles-ci
peuvent être appelées à entrer en relations avec des
postes optiques utilisant ces appareils (de 14, de 24 et
de 30), qui obéissent aux mêmes règles de service
que l'appareil de 0m,10, mais dont les feux sont, à
distance égale, sensiblement plus importants et, par
suite, plus visibles.

Description générale d'un appareil optique proprement dit.

Émission. — Tout appareil optique proprement dit
se compose, en principe, d'une caisse en tôle, divisée
en deux parties par une cloison A (fig. 8). Sur la

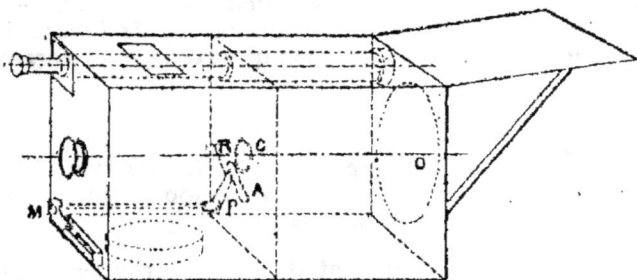

Fig. 8.

face avant de la caisse est enchâssé l'*objectif d'émission* O qui, dans les appareils de 0m,10, est formé
d'une lentille convergente.

Sur la face arrière est placée une douille dite *douille
postérieure*, ayant pour axe l'*axe d'émission*; le centre
optique de l'objectif O et le centre de l'ouverture de
cette douille D, déterminent donc l'*axe d'émission*.
Cette douille peut être fermée par un volet.

Dans la cloison A est percée une ouverture circulaire C dont le centre est situé sur l'axe d'émission et
qui est destinée à limiter la portion utile du faisceau
lumineux.

Cette ouverture peut être masquée au moyen d'une palette P, dite *obturateur*, portée par une tige mobile autour d'un axe parallèle à l'axe d'émission; cet axe est terminé par une *manette* M, qui, placée extérieurement et contre la face arrière de la caisse, sert à manœuvrer l'*obturateur* P (fig. 8 et 9). Un pont métallique fixé sur la cloison A embrasse la tige de l'obturateur afin de limiter la course de ce dernier et, par conséquent, celle de la manette M. Les deux butées de ce pont sont garnies de rondelles en caoutchouc qui servent à amortir les chocs de la tige de l'obturateur contre ces butées pendant la manipulation.

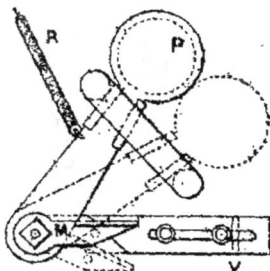

Fig. 9.

Un ressort à boudin R tend à maintenir constamment l'*obturateur* devant l'ouverture de la cloison. Un verrou V (fig. 9), placé extérieurement sur la face arrière, permet, lorsqu'il est poussé complètement à gauche, de maintenir la manette abaissée; dans cette position de la manette, l'obturateur démasque complètement l'ouverture circulaire.

L'ensemble de tout ce système forme le *manipulateur*.

Lorsque la manette est maintenue abaissée par le verrou poussé à gauche, le manipulateur est dans la position dite *à feu fixe*.

Dans la partie postérieure de la caisse de l'appareil dite *cage de la lampe*, est placée une cuvette (1) destinée à recevoir le corps de la lampe.

---

(1) Dans les appareils de 0",10, modèles 1896 et 1886-1896, cette cuvette a une position invariable.

Dans les appareils de 0",10, modèle 1908, au contraire, la cuvette est mobile dans un sens perpendiculaire à l'axe d'émission, de façon que son axe décrive un plan qui passe toujours par le foyer principal de l'objectif. *Un écrou de serrage permet d'immobiliser cette cuvette.*

Les sources lumineuses employées sont en principe : la lampe à pétrole, le brûleur à acétylène, ou la lumière solaire. Pour augmenter l'intensité du faisceau lumineux utilisé, on emploie un *miroir concave sphérique* (1). Ce miroir M (fig. 10) est placé en arrière du foyer principal, de manière que son axe coïncide avec l'axe d'émission et son centre de courbure avec le foyer

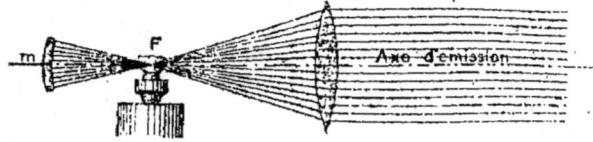

Fig. 10.

principal de l'objectif. Les rayons lumineux venant de ce point frapper le miroir sont, par conséquent, renvoyés sur eux-mêmes et viennent s'ajouter aux rayons que reçoit directement l'objectif.

Enfin, diverses ouvertures sont pratiquées dans les parois de la caisse pour permettre le service de l'appareil (2).

Réception. — La lunette de réception (3) est une

---

(1) Dans tous les appareils, à l'exception toutefois de l'appareil de 0ᵐ,10, modèle 1908.

(2) Introduction de la lampe ou du brûleur; surveillance du fonctionnement de la source lumineuse; admission de l'air nécessaire à ce fonctionnement; nettoyage de l'objectif; mise en place du fumivore; enfin pour éclairer, s'il y a lieu, le télégraphiste qui écrit.

(3) La lunette de réception est encastrée dans la partie supérieure gauche de la caisse de l'appareil. Sa position est invariable dans les appareils 1896 et 1886-1896. Dans les appareils de 0ᵐ,10, modèle 1908, au contraire, la position de la lunette peut être modifiée de telle façon qu'il est toujours possible de placer son axe parallèlement à l'axe d'émission. A cet effet, la partie postérieure de la lunette est sup-

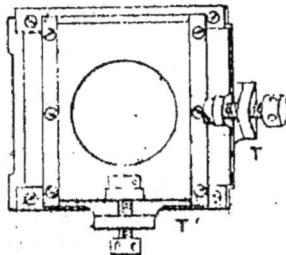

Fig. 12.

lunette terrestre qui donne, par conséquent, une image droite des objets. Elle comprend deux lentilles extrêmes convergentes, l'une appelée *objectif* O, l'autre appelée oculaire O', et, placé entre ces deux lentilles, un système redresseur O" également composé de deux lentilles convergentes (fig. 11).

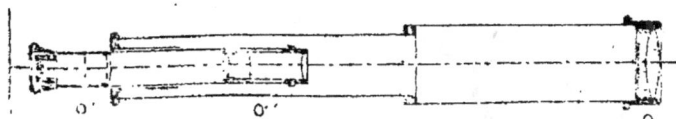

Fig. 11.

Toutes ces lentilles ont même axe principal qui est *l'axe de la lunette*, c'est-à-dire *l'axe de réception*.

Pour obtenir *la mise au point de la lunette*, on fait avancer ou reculer l'oculaire, en agissant directement avec la main.

Description des appareils de 0,10.

Appareil de 0,10, modèle 1896.

Il comprend essentiellement :

L'appareil proprement dit, le pied articulé, la boîte d'accessoires et le matériel destiné à l'emploi de l'acétylène. En outre, on emploie, pour le transport, une sacoche à bretelle et un étui.

L'appareil proprement dit (fig. 13) est conforme au type général; il présente les particularités suivantes :

La partie postérieure de la caisse de l'appareil (1)

portée par un dispositif constitué par deux tiroirs métalliques disposés sur un bâti, lequel est fixé contre la partie postérieure de la caisse de l'appareil (fig. 12). L'un des tiroirs T peut recevoir un déplacement horizontal; l'autre T' un déplacement vertical au moyen de vis horizontales ou verticales manœuvrées à l'aide d'un tournevis ou d'une pointe qu'on introduit dans les échancrures pratiquées dans les têtes de vis.

(1) Dite *cage de la lampe.*

est de forme parallélipipédique; la partie antérieure
est de forme cylindrique; cette dernière partie est percée de quatre trous dont l'ouverture peut être réglée
au moyen d'une bague mobile; ces ouvertures sont
destinées à produire l'aération nécessaire pour empêcher la formation de buées sur la face intérieure de

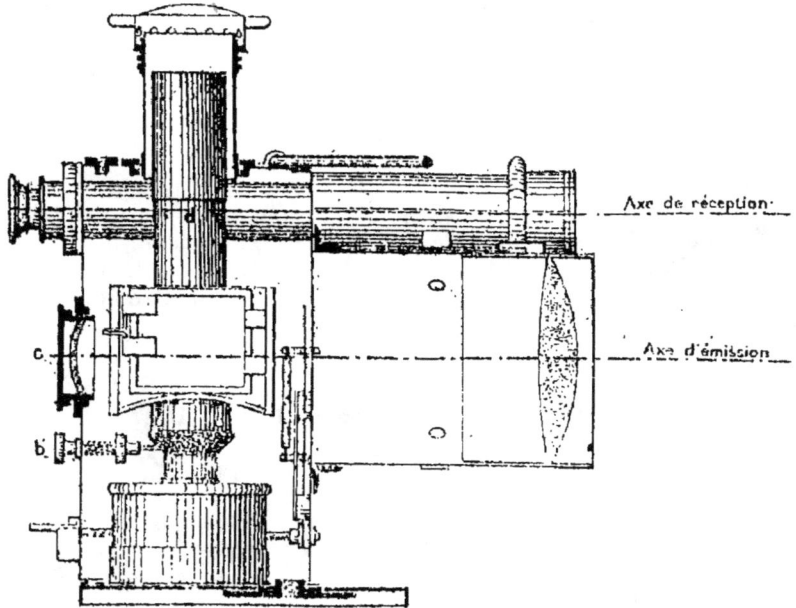

Fig. 13

l'objectif. Sur la face postérieure de la cage se trouve
le bouton moleté *b* qui permet d'effectuer, de l'extérieur, le réglage (1) de la flamme de la lampe à pétrole,
lorsqu'on fait usage de cette source lumineuse.

Un étui disposé contre la portière de la cage, et à
l'intérieur de cette dernière, est destiné à recevoir le
bec de la lampe pendant le transport; le bec est alors
vissé dans l'étui.

---

(1) Le bouton moleté commande une tige dont l'extrémité
peut s'engager, au moyen d'une goupille, dans la tête de la
clef du bec de la lampe.

Le *miroir concave* C doit toujours être vissé dans la douille postérieure, sauf dans le cas où on fait usage de la lumière solaire. De même, la *lampe à pétrole* surmontée d'une *cheminée d* est toujours placée dans sa cuvette (1).

Le *fumivore* (fig. 14) protège la lampe ou le brûleur contre le vent et la pluie. Il se compose d'un tube cylindrique fileté à sa partie supérieure et d'un couvercle fileté à l'intérieur et se vissant sur le tube.

Ce mouvement, facilité par deux oreilles, est limité, à la partie inférieure, par une petite cornière circulaire, et, à la partie supérieure, par des vis-goupilles. Des trous percés sur la face latérale du couvercle permettent

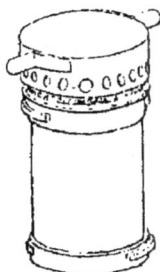

Fig. 14.

à l'air de s'échapper en plus ou moins grande quantité, suivant que le couvercle est vissé plus ou moins profondément. Quatre tenons d'assemblage à baïonnette permettent de fixer le fumivore :

1° Dans la position de transport, c'est-à-dire enfoncé à l'intérieur de la caisse, sur la cheminée;

2° Dans la position de travail, c'est-à-dire sur la face supérieure de la cage de la lampe.

Les ouvertures nécessaires pour l'admission de l'air indispensable au fonctionnement de la lampe ou du brûleur sont percées dans la paroi de gauche de la cage de la lampe. Elles peuvent être masquées plus ou moins, par une porte en tôle coulissant dans une glissière.

La lunette de réception est réunie à la partie cylindrique par un double collier auquel se fixe, au moyen d'un assemblage à baïonnette, la monture de l'objectif d'émission.

_____

(1) Sauf, bien entendu, dans le cas où l'on fait usage du brûleur à acétylène ou de la lumière solaire.

L'appareil est complété par une poignée articulée à la partie supérieure de la cage de la lampe et par deux couvercles en cuir, reliés par une chaînette, pour recouvrir l'objectif d'émission et celui de la lunette.

Pied. — Le pied (fig. 15) comprend une plate-forme métallique et trois branches en bois. La plate-forme porte trois rivets à tête plate faisant saillie au-dessus de cette plate-forme, et sur lesquels le fond de la caisse

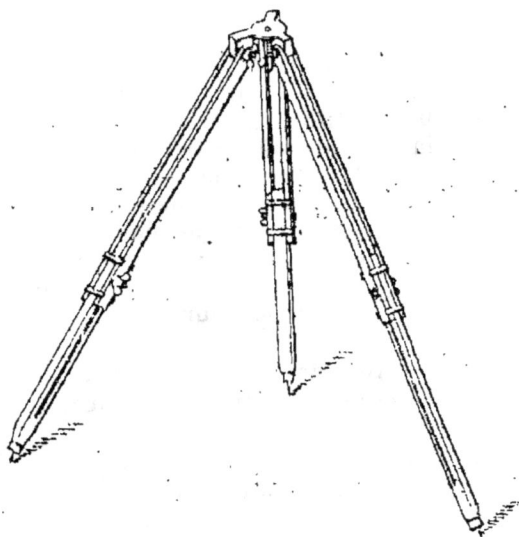

Fig. 15.

de l'appareil vient prendre appui. Une vis à tête moletée, placée au centre et au-dessous de la plate-forme, traverse celle-ci et peut s'engager dans un écrou porté par le fond de la caisse d'appareil, qui est ainsi fixée au pied. La tête moletée porte de plus un anneau auquel on suspend le générateur à acétylène.

Chacune des branches est composée de deux parties : la partie inférieure pouvant glisser dans la partie supérieure. Des écrous à oreilles permettent de les fixer dans toutes les positions.

Boîte d'accessoires. — La boîte d'accessoires contient les objets ci-après :

1° Dans la boîte proprement dite :

Un oculaire solaire (tube porte-diaphragme et tube porte-lentille);

Un miroir d'oculaire solaire (sur tube porte-miroir);

Une boussole dans son étui;

Une peau de chamois;

La partie supérieure de la cheminée de la lampe;

Un jeu de verres de rechange;

0m,25 de mèche;

Un étui contenant quatre rondelles de caoutchouc et trois ressorts de manipulateur;

Un obturateur de rechange avec sa tige.

2° Dans le couvercle :

Le miroir auxiliaire;

Le bec du bidon à pétrole;

Un tournevis;

Une paire de ciseaux.

Transport de l'appareil. — Pour le transport, on place le pied replié dans un étui à bretelle;

Les autres objets sont placés dans une sacoche, savoir :

Au fond, la boîte d'accessoires et un bidon carré à pétrole de 1 litre, le torchon sur la boîte d'accessoires;

Au-dessus, l'appareil et, en outre, une partie des petits accessoires destinés à l'emploi de l'acétylène.

L'appareil complet pèse 13 kilogrammes, dont 3 kilogr. 300 pour le pied et son étui.

Matériel destiné à l'emploi de l'acétylène. — Ce matériel est étudié plus loin.

Appareil de 0,10, modèle 1886-1896.

Cet appareil comprend essentiellement :

L'appareil proprement dit, le pied articulé, la boîte d'accessoires et le matériel destiné à l'emploi de l'acétylène.

En outre, on emploie pour le transport, deux sacoches et un coussinet ou un étui à bretelle.

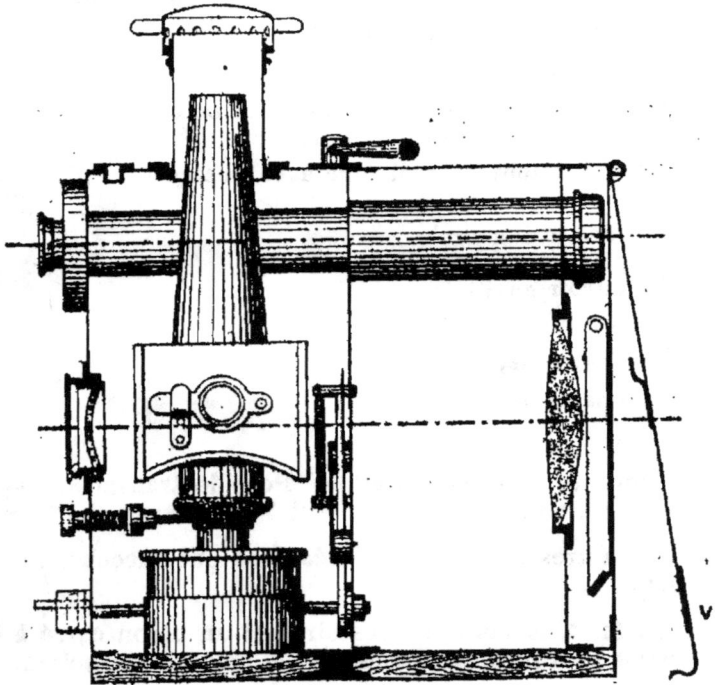

Fig. 16.

L'appareil proprement dit (fig. 16) est conforme au type général; il présente les mêmes particularités que l'appareil modèle 1896 aux exceptions ci-après :

La caisse de l'appareil est entièrement parallélipipédique;

L'objectif de la lunette de réception et la lentille d'émission sont garantis par un volet V à charnières muni d'un taquet d'arrêt. Ce volet peut être maintenu relevé quand on se sert de l'appareil.

La lampe à pétrole et sa cheminée sont placées, pour le transport, dans la boîte d'accessoires (1).

Pied. — Le pied a trois branches pliantes, mais de longueur invariable; il porte une plate-forme métallique sur laquelle l'appareil est fixé par une vis à tête à oreilles. On peut également utiliser un pied analogue à celui de l'appareil modèle 1896.

Boîte d'accessoires. — La boîte d'accessoires *doit toujours être placée dans une position verticale;* elle renferme les objets ci-après :

Un bidon carré à pétrole de 1 litre avec son bec;
Un torchon;
Un fumivore;
Une lampe et son bouchon;
Un bec de lampe et son porte-bec;
Une paire de ciseaux;
Un jeu de verres de rechange;
Le tube solaire (tube porte-diaphragme, tube porte-lentilles et tube porte-miroir);
La cheminée métallique;
Un tourne-vis;
Un obturateur de rechange.

Dans le compartiment spécial formé par le couvercle de la boîte, on trouve :

Le miroir rectangle auxiliaire;
Une boussole et son étui;

_____

(1) La lampe est alors fermée par un bouchon fileté et le bec vissé sur un porte-bec en laiton.

0ᵐ,25 de mèche;

Trois ressorts et quatre caoutchoucs pour manipulateur;

Un étui pour ressorts et caoutchoucs;

Une peau de chamois;

En outre, le porte-bec et une partie des accessoires destinés à l'emploi de l'acétylène.

L'appareil complet pèse environ 20 kilogrammes (I).

Matériel destiné à l'emploi de l'acétylène. — Ce matériel est étudié plus loin.

Appareil de 0,10, modèle 1908.

Cet appareil comprend essentiellement : *l'appareil proprement dit, le pied articulé, les accessoires, le matériel destiné à l'emploi de l'acétylène et l'héliographe de campagne.*

On emploie pour le transport *deux sacoches* (dont une convenablement aménagée pour recevoir les accessoires) et un étui à bretelle pour le pied.

L'appareil proprement dit (fig. 17) est conforme au type général; il présente les mêmes particularités que l'appareil modèle 1896, mais en diffère par les points suivants :

La caisse de l'appareil, entièrement parallélipipédique, est plus robuste étant constituée par des tôles plus épaisses. Son volume est réduit dans le sens de la hauteur. Le fond de la cage de la lampe présente une large ouverture pour laisser passage au corps de la lampe. La cuvette, de hauteur réduite, n'a pas de fond, et repose dans la cage par l'intermédiaire d'une plate-forme. Cette cuvette peut recevoir un mouve-

_____

(1) Sacoche d'appareil, 8 kilogr. 300.
Sacoche d'accessoires, 8 kilogr. 400.
Pied avec son coussinet, 3 kilogr. 300.

ment de déplacement transversal; un écrou de serrage, placé sur le côté droit de la plate-forme, permet de l'immobiliser.

La lampe à pétrole, surmontée d'une cheminée, est toujours placée à l'intérieur de la cage.

Le corps de la lampe peut glisser à frottement doux dans la cuvette. Dans la position de transport, le corps de la lampe est maintenu complètement à l'in-

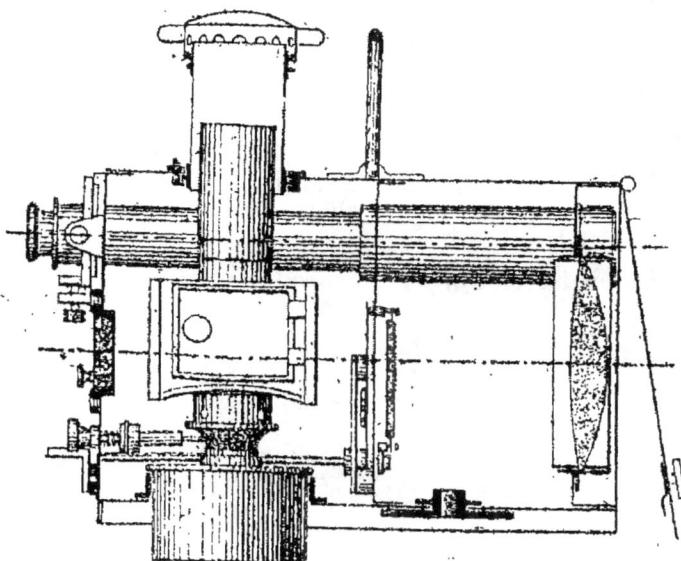

Fig. 17.

térieur de la cage, au moyen de deux verrous qui, adaptés sous la plate-forme de la cuvette, font saillie sous le fond de la cage. Dans la position de travail, le corps de la lampe doit être, en principe, descendu à fond de course dans sa cuvette, les deux verrous étant alors ouverts.

La clef du bec de la lampe ne peut être commandée de l'extérieur, par le bouton moleté, que lorsque la lampe est dans sa position de travail.

Le fumivore est analogue à celui de l'appareil modèle 1896. Deux tenons d'assemblage à baïonnette permettent de le fixer :

1° Dans la position de transport, sur la porte avant, à l'intérieur de la partie avant de la caisse de l'appareil;

2° Dans la position de travail, sur la face supérieure de la cage de la lampe.

L'appareil ne comporte pas de miroir concave.

La douille postérieure est fermée par un volet.

La lunette de réception est fixée à la partie postérieure de la caisse de l'appareil, par l'intermédiaire du dispositif à tiroirs décrit plus haut (page 34).

L'objectif de la lunette et la lentille d'émission sont garantis par un volet à charnière muni d'un taquet d'arrêt (1).

Le pied est celui de l'appareil modèle 1896.

Fig. 18.

La sacoche d'accessoires (2) (fig. 18) contient les accessoires ci-après :

Un bidon à pétrole d'un litre (3);

---

(1) Ce volet peut être maintenu relevé, quand on se sert de l'appareil.

(2) La sacoche d'accessoires ne renferme aucun accessoire solaire pour l'appareil, mais un compartiment spécial est réservé à l'*héliographe de campagne*.

(3) Placé dans un compartiment étanche.

Un jeu de carnets de départ et d'arrivée (1);

Un oculaire de réglage;

Un pistolet signaleur;

Six cartouches (dont une dans une cartouchière en toile);

Une trousse d'accessoires (2);

Un torchon, une peau de chamois;

Deux tuyaux de caoutchouc.

La sacoche d'accessoires porte au-dessus du couvercle, comme la sacoche d'appareil, deux courroies croisées permettant d'arrimer les effets nécessaires au télégraphiste, lorsqu'il reçoit l'ordre de placer son sac à la voiture pour aller installer un poste optique.

Le matériel destiné à l'emploi de l'acétylène est étudié plus loin.

Héliographe de campagne, modèle 1909.

L'héliographe de campagne (fig. 20) est destiné à remplacer, dans l'appareil modèle 1908, les accessoires qui, dans les appareils modèles 1896 et 1886-96,

---

(1) Placé dans un compartiment étanche.
(2) La trousse d'accessoires (fig. 19) comporte les objets suivants :

Une paire de ciseaux;
Un tournevis;
Une pince plate;
Un obturateur de rechange;
Une boussole avec étui;
Un jeu de verres de lampe;
Une mèche de rechange;
Sept becs à acétylène;
Un porte-bec à acétylène;
Trois épinglettes;
Un étui en fer-blanc renfermant : un tube de graisse plombaginée, un tube de blanc de zinc, quatre rondelles de rechange, quatre ressorts de rechange.

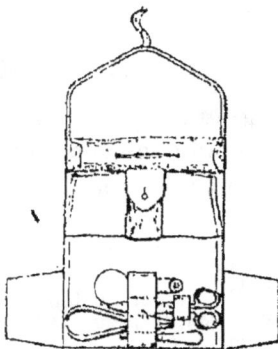

Fig. 19.

servent à l'utilisation de la lumière solaire comme
source lumineuse.

L'héliographe peut être fixé directement sur le pied
de l'appareil de 0,10, modèle 1908, et remplacer ce
dernier appareil pendant le jour (1).

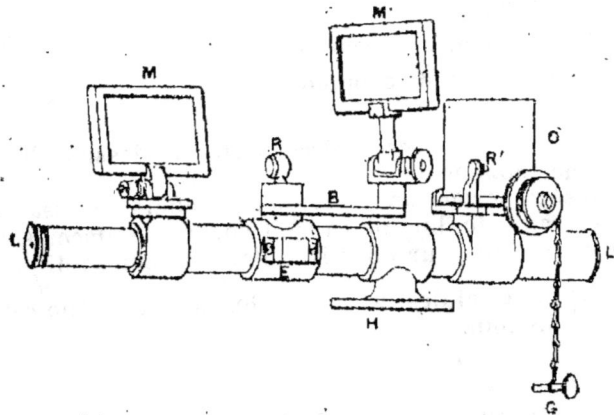

Fig. 20.

Il se compose d'une lunette à réticule L L', suppor-
tant le miroir principal M, le miroir auxiliaire M', de
mêmes dimensions que le premier, et qui est monté
sur le bras-support B, l'obturateur O et le dispositif
de réglage composé d'une lentille R et d'un disque R',
placé au foyer de la lentille R.

La lunette porte, en outre, un collier faisant corps
avec une douille filetée H, qui sert à fixer l'héliographe sur le pied de l'appareil de 0,10.

Tous les organes de l'héliographe sont solidaires de
la lunette; les deux miroirs et l'obturateur peuvent se
rabattre sur la lunette, ce qui facilite le transport de
l'appareil dans une sacoche.

L'appareil complet pèse 1 kilogr. 250.

----

(1) En raison du temps assez long nécessaire pour remplacer, sur le pied, l'appareil de 0,10 par l'héliographe et inversement, on n'emploie l'héliographe que lorsque le ciel très
découvert permet de compter sur une longue période de
lumière solaire.

Emploi. — L'héliographe s'emploie dans les mêmes conditions que l'appareil optique de 0,10 et en observant les mêmes règles de service.

Pour manipuler, tirer franchement, mais sans brusquerie, sur la chaîne de l'obturateur O. On peut mettre l'obturateur à feu fixe en fichant une goupille G, fixée au bout de la chaîne, dans une alvéole E disposée sur le côté droit de la lunette.

ART. 2.

Des sources lumineuses.

Les sources lumineuses employées sont : le *pétrole*, l'*acétylène* et la *lumière solaire*.

A. *Pétrole.* — L'ensemble du matériel destiné à permettre l'emploi du pétrole, dans les appareils optiques de campagne, se compose des objets suivants :

Une lampe à pétrole (1);

Une cheminée;

Un lot de matériel et objets de rechange et de consommation (2).

Le calibre de la lampe à pétrole est commun à tous les appareils de 0,10 de l'infanterie.

Le corps de la lampe peut s'engager à frottement doux dans la cuvette-support disposée à l'intérieur de la cage de la lampe.

La cheminée (fig. 21) est métallique; sa partie inférieure, de forme parallélipipédique, présente trois faces vitrées, une face pleine et une douille permettant d'adapter la cheminée sur le bec de la lampe; la

---

(1) La lampe à pétrole comprend : le *corps de la lampe*, en laiton, de forme cylindrique, servant de réservoir; le *bec* en laiton, muni d'une clef commandée par un bouton moleté et destinée à régler la hauteur de la mèche; enfin, une *mèche plate*.

(2) La nomenclature de ce matériel est donnée plus haut (art. I).

face pleine est mobile autour d'une charnière et permet l'allumage de la lampe sans enlever la cheminée (1).

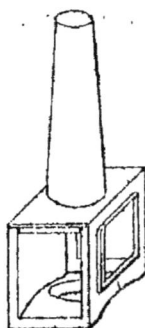 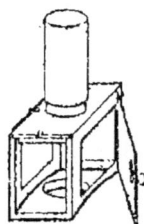

Fig. 21.   Fig. 21 *bis*.

La partie supérieure est de forme tronconique, et, dans les appareils modèles 1896 et 1908 seulement, se compose de deux morceaux, dont l'un est mobile (fig. 21 *bis*).

Fonctionnement de la lampe et réglage de la flamme. — La lampe étant chargée de pétrole et non encore placée dans son logement, tailler la mèche avec le plus grand soin (2). Puis, placer la lampe, garnie de sa cheminée, dans la cuvette, placer le fumivore, allumer la lampe (3). Assurer un bon tirage, et ré-

---

(1) Par suite, dans la position de travail de lampe, cette face pleine de la cheminée doit être tournée du côté de la portière de la cage de la lampe.

(2) *Recommandation importante.* — Il faut couper la mèche horizontalement avec une grande netteté; couper ensuite légèrement les coins; cette taille doit être faite, de préférence, dans la partie déjà noircie. Dans ces conditions, l'allumage sera plus commode et le tirage plus facile. (Il faudra avoir soin, dans cette opération, de ne pas laisser tomber des résidus de mèche à l'intérieur du bec où ils obstrueraient l'entrée de l'air nécessaire à la combustion.)

(3) *Observation.* — Il peut arriver qu'un vent trop fort rende l'allumage difficile. On procède alors de la manière

gler la flamme (1). Cette dernière opération se fait en agissant peu à peu (2) sur la clef du bec jusqu'à ce que la partie la plus éclairante soit aussi large et aussi brillante que possible et d'un blanc éclatant, la flamme ne devant jamais être fumeuse.

Si pendant le travail la flamme devient fumeuse, c'est que :

Ou le tirage est insuffisant, et le télégraphiste doit y remédier sans retard;

Ou le pétrole de la lampe est en quantité insuffisante et, dans ce cas, l'extrémité de la mèche charbonne. Il faudra alors remplir la lampe aux deux tiers et retailler la mèche.

Quand la flamme est parfaitement réglée, la lampe des appareils de 0,10 consomme environ 16 centilitres (12 grammes) de pétrole à l'heure et la durée d'utilisation de la lampe garnie est de douze à treize heures.

B. *Acétylène.* — L'ensemble du matériel destiné à permettre l'emploi de l'acétylène dans les appareils de 0,10, se compose des objets suivants :

1° Un générateur portatif;

---

suivante : laisser la lampe dans sa cuvette de support, tourner l'appareil de manière que la portière par laquelle on allume soit exposée du côté opposé au vent. Placer le fumivore à moitié enfoncé dans sa douille du côté du vent; allumer, puis placer immédiatement la cheminée et le fumivore. S'il est à craindre que le vent n'éteigne la flamme pendant le travail, entourer le fumivore avec le torchon, en ne laissant libre que le côté opposé au vent.

(1) Prendre, à cet effet, les précautions ci-après : dégager convenablement les ouvertures pratiquées dans la cage de la lampe pour l'introduction de l'air nécessaire au fonctionnement, ainsi que les trous percés dans le fumivore pour l'échappement des produits de la combustion. En particulier, vérifier que les toiles métalliques qui, le cas échéant, recouvrent ces ouvertures, soient bien propres; les débarrasser de la poussière et du noir de fumée, s'il y a lieu.

(2) Il est nécessaire de n'augmenter que *progressivement la grandeur de la flamme* afin de permettre à l'air, dans l'intérieur de la caisse de l'appareil, de s'échauffer graduellement et d'éviter ainsi, sur les lentilles et le miroir, la formation de buées qui gêneraient la perception des signaux.

2° Un brûleur;

3° Un lot de matériel et objets de rechange et de consommation.

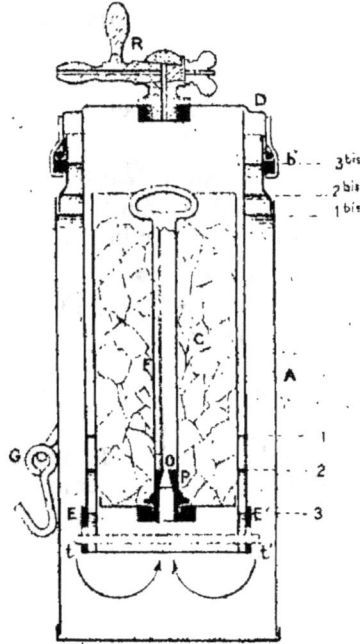

Fig. 22.

Générateur (fig. 22). — Le générateur comprend :

1° Une enveloppe extérieure A, munie d'une anse avec crochet G;

2° Une cloche B, fixée au couvercle D de l'appareil, et portant à sa partie inférieure un prolongement EE' muni de deux encoches à baïonnette;

3° Un panier à carbure C qui s'introduit dans la cloche B à laquelle il est fixé par les deux tenons *t* et *l*' s'encastrant dans les deux encoches à baïonnette;

4° Un robinet R terminé par un téton et vissé dans le couvercle D.

Le couvercle D s'adapte au réservoir A au moyen d'un assemblage à baïonnette embrassant les tenons *b b'*. Le panier à carbure porte, vissé en son milieu, le pointeau P. Cet organe se compose d'un tube fendu F muni d'une poignée à anse à la partie supérieure et percé d'une petite ouverture O à l'intérieur de la partie filetée.

2º *Brûleur* (fig. 23). — Le brûleur comporte un porte-bec et un bec à acétylène.

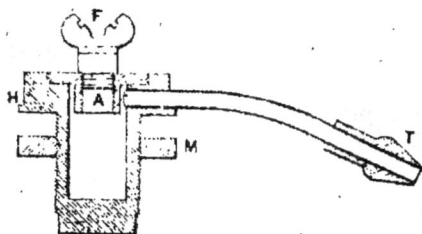

Fig. 23.

a) *Porte-bec*. — Il se compose d'une douille A percée d'un trou cylindrique fileté pour recevoir le bec à acétylène F; cette douille est soudée au corps extérieur H dans lequel est ménagé un trou cylindrique de plus grand diamètre de manière à laisser vide un espace annulaire destiné au passage du gaz.

Le corps extérieur peut être vissé sur le corps de la lampe et maintenu en place par la bague de réglage M qui forme contre-écrou.

Le porte-bec est mis en communication avec le générateur au moyen d'un tuyau en caoutchouc que l'on fixe sur le téton T.

Le corps extérieur H porte à la partie supérieure un épaulement servant de support à la cheminée de la lampe à pétrole pour la position de route.

La cheminée doit être retirée quand on utilise l'acétylène dont la flamme, suffisamment protégée par la cage de la lampe, charbonnerait si elle était renfermée dans la cheminée.

b) *Bec à acétylène*. — Il se compose de deux branches en stéatite opposées l'une à l'autre, percées chacune d'un petit canal avec appel d'air.

L'ensemble est supporté par un raccord cylindrique permettant de le visser dans le porte-bec.

3° *Lot de matériel et objets de rechange et de consommation*. — Chaque appareil muni d'un générateur à acétylène doit recevoir, en plus des accessoires déjà décrits, les objets suivants :

Un porte-bec;

Une boîte à carbure contenant 1 kilogramme de carbure (4 charges);

Une pince plate;

Sept becs à acétylène dont 6 de rechange;

Deux tuyaux en caoutchouc rouge de 0 m. 75;

Un étui métallique renfermant : un tube de blanc de zinc pour boucher les fuites de gaz; un tube de graisse plombaginée pour robinets; une épinglette à gros fil pour pointeau; deux épinglettes à fil fin pour dégorger les becs.

Chargement et transport. — Ces différents objets sont répartis ainsi qu'il suit :

Le générateur et la boîte à carbure sont renfermés dans un étui qui est attaché avec des courroies au pied de l'appareil.

Le porte-bec est monté avec le bec et le tuyau en caoutchouc sur la lampe à pétrole; il sert de faux-bec pendant le transport, pour l'appareil modèle 1896. Pour l'appareil modèle 1886-1896, il est dans la sacoche d'accessoires.

Le reste des petits accessoires se trouve dans la sacoche d'accessoires de l'appareil.

Fonctionnement des appareils.

Fonctionnement du générateur et réglage de la flamme. — Le générateur étant chargé et relié au brûleur,

ouvrir le robinet R (fig. 22) et attendre que le gaz se
dégage par le bec, ce que l'on reconnaît facilement
par l'odeur. Au moment, allumer.

Agir sur le robinet R de façon à limiter le débit du
gaz jusqu'à ce que l'on obtienne une flamme très
blanche, sans pointe, ne fumant pas et ne sifflant pas.

Le fonctionnement de l'appareil est alors le suivant :

Le robinet R étant fermé et le réservoir A rempli
comme il est dit plus haut, si l'on plonge l'ensemble B, C, dans ce réservoir, l'eau remplit le réservoir A, mais ne pénètre pas dans la cloche B.

Le générateur étant relié au porte-bec, si l'on ouvre
le robinet R, l'air contenu dans la cloche B s'échappe,
l'eau pénètre par l'ouverture O dans cette cloche et
vient en contact avec le carbure du panier C (marche
indiquée par les flèches). L'attaque du carbure commence lorsque le liquide a atteint environ le niveau
inférieur I, et par suite le niveau supérieur I bis dans
le réservoir A.

Pendant tout le temps du débit, le niveau de l'eau
oscille dans la cloche B entre les niveaux 1 et 2, suivant l'intensité de la production et du débit, et par
suite entre les niveaux supérieurs 1 bis et 2 bis du
réservoir A; ce qui a pour effet de maintenir la pression intérieure du gaz entre 11 et 12 centimètres
d'eau, pression nécessaire au bon fonctionnement du
bec.

Si on ferme le robinet R, l'eau de la cloche B est
refoulée, le contact avec le carbure n'a plus lieu, mais
l'humidité dont sont imprégnés les morceaux de carbure précédemment attaqués a pour effet de prolonger la production de l'acétylène pendant quelques
secondes. L'eau continue donc à être refoulée jusqu'à
un niveau minimum 3 correspondant à un niveau
maximum 3 bis dans le réservoir A. A partir de ce
moment, la production devient nulle ou négligeable,
la quantité d'eau entrée par l'orifice O étant très faible et, par suite, le carbure attaqué étant en très petite
quantité.

L'appareil ainsi arrêté peut être transporté sans inconvénient pourvu qu'on le maintienne dans une position sensiblement verticale, afin d'éviter de renverser l'eau par le dessus de l'appareil.

Si on ouvre de nouveau le robinet R, les mêmes phénomènes vont se produire, comme au début de l'attaque et dans le même ordre (1).

Une charge de 250 grammes de carbure permet un fonctionnement de 5 heures consécutives environ.

C. *Lumière solaire.* — La lumière solaire est utilisée au moyen du tube solaire et, le cas échéant, du miroir auxiliaire dans les appareils 1896 et 1886-1896, et de l'héliographe de campagne dans le matériel modèle 1908.

Tube solaire. — Le tube solaire comprend trois parties :

Le tube porte-diaphgrame (fig. 24), le tube porte-lentille (fig. 25) et le tube porte-miroir (fig. 26).

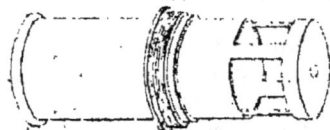

Fig. 24.   Fig. 25.

Ces tubes sont enfoncés à refus l'un dans l'autre (2); dans cette position, le centre de l'ouverture du diaphragme se trouve placé au foyer principal de la lentille solaire.

---

(1) *Observation.* — Si la flamme devient sautillante, c'est que des condensations se sont produites dans la canalisation. Dans ce cas, fermer le robinet R, enlever le tuyau de caoutchouc, faire tomber l'eau de condensation, replacer le tuyau et régler à nouveau le robinet R.

Si le sautillement continue, c'est que la charge est épuisée.

(2) Le tube porte-diaphragme étant le tube extérieur.

Lorsque le tube solaire est mis en place sur l'appareil en vissant à fond le tube porte-diaphragme dans la douille postérieure, le centre de l'ouverture du diaphragme est placé au foyer principal de l'objectif d'émission.

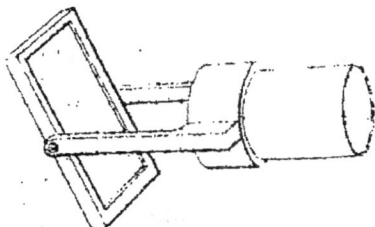

Fig. 26.

Les rayons solaires reçus par le miroir doivent être renvoyés sur la lentille solaire parallèlement à l'axe du tube, qui se confond avec l'axe d'émission. Ces rayons viennent donc se concentrer au foyer principal de cette lentille et former, dans l'ouverture du diaphragme, une image du soleil qui joue alors le rôle de source lumineuse (fig. 27).

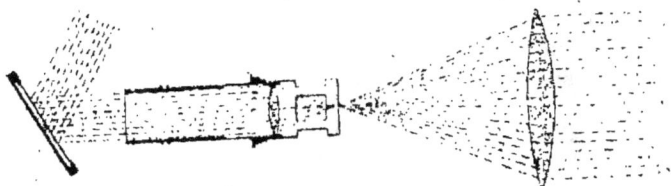

Fig. 27.

Quand le miroir solaire ne peut recevoir directement les rayons solaires, on les lui envoie au moyen du miroir auxiliaire dont la tige se visse, suivant les cas, dans les trous filetés placés sur la partie supérieure ou sur les côtés de l'appareil (I).

_____

(1) Le mouvement de rotation de la terre oblige à déplacer fréquemment les miroirs pour permettre aux rayons solaires d'arriver toujours sur la lentille solaire parallèlement à la lentille d'émission.

Héliographe de campagne modèle 1909 (fig. 20). — Dans cet appareil, les deux miroirs à utiliser sont le miroir principal M et le miroir auxiliaire M'.

En principe, quand on aura le soleil devant l'appareil, on n'emploiera que le miroir principal M, et, quand le soleil sera derrière, on sera *obligé* d'employer le miroir auxiliaire M'. Il est cependant des cas douteux où l'on hésitera à employer un seul ou les deux miroirs. Dans ces cas, on s'arrêtera toujours à la solution qui donnera sur l'obturateur la *section droite maxima* pour le faisceau réfléchi.

Dans le cas de l'emploi du miroir auxiliaire, on s'efforcera autant que possible de placer le support B de façon que les ombres des miroirs M et M', projetées sur une feuille de papier, soient dans le prolongement l'une de l'autre.

ART. 3.

Réglage des appareils.

Principes généraux. — Pour que deux appareils puissent correspondre, il est nécessaire que les axes d'émission et de réception de chacun d'eux soient dirigés sur le correspondant.

Pratiquement, étant donné que la distance qui sépare les deux appareils est très considérable par rapport à la distance qui sépare les deux axes dans chacun des appareils, il suffit que ces axes soient parallèles.

Il est, en outre, nécessaire que la source lumineuse soit placée au foyer principal de l'objectif d'émission.

Cette condition est assurée, en partie, par le constructeur.

Il est rappelé, en effet, que, par construction :

1° La cuvette de la lampe est : ou placée de telle sorte que son axe passe par le foyer principal de l'objectif (cas des appareils de 0,10, modèle 1896 ou modèle 1886-1896), ou mobile de manière que son axe décrive un plan qui passe toujours par le foyer principal de l'objectif (cas de l'appareil de 0,10, modèle 1908).

2° Dans tous les appareils utilisant la lumière solaire, le centre du diaphragme coïncide avec le foyer principal de l'objectif lorsque le tube solaire est mis en place.

Si l'on fait usage de la lampe à pétrole, ou du brûleur à acétylène, il faut que le plan de la flamme passe par l'axe d'émission, que la partie la plus brillante se trouve placée au foyer principal et, de plus, que le miroir concave ait son centre de courbure placé sensiblement en ce point.

Si l'on fait usage de la lumière solaire, il faut régler le tube solaire.

Les réglages à faire subir à un appareil sont donc les suivants :

A. *On fait usage du pétrole ou de l'acétylène.*

1° Dans les appareils modèle 1908.

    1. Réglage du parallélisme;
    2. Réglage de la lampe ou du brûleur.

2° Dans les appareils modèles 1896 et 1886-1896 (1).
    Réglage de la lampe ou du brûleur.

B. *On fait usage de la lumière solaire.*

1° Dans les appareils modèle 1908.

    Réglage de l'héliographe de campagne modèle 1909.

2° Dans les appareils modèle 1896 et 1886-1896.

    Réglage du tube solaire et, s'il y a lieu, du miroir auxiliaire.

---

(1) Dans ces appareils, la lunette de réception et le miroir concave occupent une *position invariable*.
Le réglage du parallélisme et celui du miroir concave sont donc assurés d'une façon définitive par construction.

A. — On fait usage du pétrole ou de l'acétylène.

1° Dans les appareils modèle 1908.

TUBE DE RÉGLAGE AVEC OCULAIRE A FILS
DE L'APPAREIL DE 0,10, MODÈLE 1908 (fig. 28).

Le tube de réglage avec oculaire à fils de l'appareil
de 0,10, modèle 1908, se compose d'un tube cylindrique
en laiton dont l'extrémité antérieure est filetée et se
visse dans la douille postérieure de l'appareil. Il porte
un oculaire à fils qui est emboîté d'une façon per-
manente et peut recevoir un mouvement de tirage
pour permettre la mise au point.

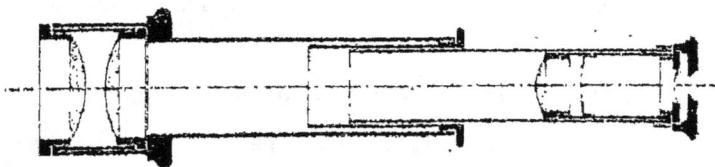

Fig. 28.

Cet oculaire comporte un œilleton à lentille et un
réticule formé de deux fils en croix portés par un
diaphragme. La croisée des fils est, par construction,
sur l'axe principal du tube de réglage.

Le tube de réglage mis en place constitue, avec la
lentille de l'appareil proprement dit, une sorte de
lunette télescopique qui permet de viser le feu du
correspondant ou un objet quelconque dans la campagne.

RÉGLAGE DU PARALLÉLISME DANS L'APPAREIL DE 0,10
MODÈLE 1908.

1er Cas. — On voit distinctement dans la campagne
un point de repère caractéristique très éloigné.

Le principe du réglage consiste à diriger, sur un
repère distinctement visible dans la campagne et convenablement choisi, l'axe d'émission et l'axe de réception de l'appareil.

Le télégraphiste, après avoir choisi ce repère caractéristique qui doit être très éloigné (clocher, tour, pignon de maison, cime d'arbre, sommet élevé, etc.), dispose l'appareil dans sa position de travail, face à la direction du repère, et place le manipulateur à feu fixe.

Il introduit ensuite dans la douille postérieure le tube de réglage muni de l'oculaire à fils, de manière que l'un des deux fils soit sensiblement vertical; la croisée des fils se trouve alors située sur l'axe d'émission.

Puis il braque l'appareil de façon à apercevoir l'image du repère choisi, dans l'oculaire à fils. Il règle alors l'enfoncement de cet appareil dans le tube de réglage jusqu'à ce que l'image soit aussi nette que celle du réticule et dans le même plan que ce réticule (1).

Le télégraphiste pointe enfin l'appareil de manière à amener un point choisi de l'image du repère (pointe du clocher, du pignon, de l'arbre, etc.) à coïncider avec la croisée des fils; après avoir immobilisé l'appareil, il vérifie si l'image du point choisi n'a pas quitté la croisée des fils; s'il y a un trop grand écart, il recommence l'opération jusqu'à ce que, l'appareil étant fixé sur son pied, la coïncidence soit conservée à peu près exactement.

L'axe d'émission est alors dirigé sur le repère caractéristique.

L'appareil restant toujours immobile, le télégraphiste met au point, sur le repère, la lunette de réception; puis il déplace cette lunette en manœuvrant les vis de réglage des tiroirs jusqu'à amener l'image du point choisi du repère au centre du champ de la lunette. (Si le télégraphiste n'aperçoit pas le repère dans la lunette de réception, il commence par déplacer la

---

(1) Ce résultat est obtenu lorsqu'en déplaçant légèrement l'œil de droite à gauche tout en continuant à regarder dans l'oculaire, on cesse de voir se déplacer l'une par rapport à l'autre les images du réticule et du repère.

lunette jusqu'à faire entrer le repère dans le champ de la lunette, puis il met au point et achève l'opération qui vient d'être décrite.)

L'axe de réception étant à son tour dirigé sur le repère caractéristique choisi, le réglage du parallélisme est terminé.

De nuit, on opère comme ci-dessus, en se servant du feu du correspondant.

2° Cas. — Aucun repère caractéristique très éloigné n'est visible dans la campagne.

Le télégraphiste dispose l'appareil sur son pied de façon que la face supérieure de la caisse soit à peu près horizontale, et l'immobilise.

Il introduit dans la douille postérieure le tube de réglage muni de l'oculaire à fils, l'enfonce et agit au besoin sur l'oculaire de la lunette de façon à amener la tranche de ces deux oculaires dans le même plan vertical.

Il prend une feuille de papier, l'applique, en la tenant tendue, sur les deux oculaires et marque, au moyen d'un crayon, la position du centre de chacun des deux cercles intérieurs des oculaires (soit les points A et B), ainsi qu'une droite verticale, dont il fixe la direction au moyen d'un fil à plomb improvisé.

Un second télégraphiste transporte cette feuille, fixée si possible sur une planchette, à une distance d'au moins dix mètres en avant de l'appareil et sur l'axe d'émission et la fixe contre un appui vertical (mur, arbre). Il la maintient immobile, perpendiculaire à cet axe et de façon que la droite repère marquée sur la feuille soit bien verticale.

Le premier télégraphiste pointe alors son appareil de façon que l'image du point marqué A, correspondant au centre de l'oculaire à fil, coïncide avec la croisée des fils.

Il regarde alors dans la lunette; si l'image du second point marqué B n'est pas placée au centre du champ de la lunette, le parallélisme n'est pas réglé. Il déplace alors l'axe de la lunette jusqu'à amener l'image de ce point au centre du champ. Puis, replaçant la feuille de ce papier en arrière de l'appareil, la droite repère étant bien verticale, et le premier point marqué coïncidant avec le centre de l'oculaire à fils, il marque le nouvel emplacement du centre de l'oculaire de la lunette et recommence l'opération décrite plus haut.

En général, la première opération est suffisante pour obtenir un réglage sensiblement exact. Le télégraphiste doit toujours l'achever complètement par la première méthode, sur le feu du correspondant pris comme repère, dès que cela est possible.

RÉGLAGE DE LA LAMPE OU DU BRULEUR.

Réglage dans l'appareil de 0,10, modèle 1908. — Le réglage du parallélisme étant achevé, le télégraphiste, laissant fixé sur la douille arrière le tube de réglage, allume la lampe ou le brûleur disposé dans sa cuvette dans la position de travail (les verrous ouverts), et règle la flamme. Il déplace ensuite la cuvette de manière à amener la flamme vis-à-vis de la douille arrière si elle n'y est déjà.

Puis il règle l'enfoncement de l'oculaire à fils dans le tube de réglage jusqu'à obtenir, à travers cet oculaire, une image renversée de la flamme, image qui soit la plus nette possible et paraisse immobile par rapport au fil vertical lorsque l'œil se déplace horizontalement devant l'œilleton.

Ce résultat obtenu, le télégraphiste règle la lampe *en direction* de la manière suivante :

Regardant toujours dans l'oculaire, il déplace avec la main droite la cuvette vers la droite ou vers la gauche, selon que l'image se peint à droite ou à gauche du fil vertical (1).

---

(1) Dans ce mouvement, l'axe de la flamme décrit un plan passant par le foyer principal et perpendiculairement à l'axe principal.

Lorsque cette image est partagée en deux parties égales par le trait vertical, il immobilise la cuvette au moyen de l'écrou de serrage.

L'axe de la flamme passe alors par le foyer principal de l'objectif.

Enfin, il règle la *hauteur* de la lampe ou du brûleur et l'*orientation* de la flamme, en opérant comme il suit :

a) *Lampe à pétrole.* — Le télégraphiste règle la hauteur de la lampe dans sa cuvette (en plaçant au besoin des cales sous la lampe) de manière que la partie la plus brillante de l'image coïncide avec la croisée des traits (1).

Pour régler l'*orientation* de la flamme, le télégraphiste tourne la lampe sur elle-même, dans sa cuvette (sans en modifier la hauteur), jusqu'à ce que l'image ait le minimum d'épaisseur.

Si, par suite de ces opérations, l'image a cessé d'être partagée en deux parties égales par le trait vertical, il rectifie le réglage en déplaçant très légèrement la cuvette, puis il l'immobilise définitivement au moyen de l'écrou de serrage. Le plan de la flamme passe alors par l'axe principal, et la flamme est bien *orientée*.

b) *Brûleur à acétylène.* — Après avoir desserré la bague de serrage M (fig. 23), le télégraphiste maintient d'une main le téton T, puis fait tourner avec l'autre main le corps de la lampe de façon à abaisser ou à élever le brûleur jusqu'à ce que le centre de la partie la plus brillante de l'image coïncide avec la croisée des fils. Quand la flamme est à hauteur voulue, il fixe le porte-bec *en serrant la bague M comme un contre-écrou contre le col de la lampe.* Le brûleur est alors réglé *en hauteur*.

Le télégraphiste fait ensuite tourner l'ensemble

---

(1) Elever la lampe si la partie brillante est située en dessous du trait horizontal, l'abaisser dans le cas contraire.

constitué par la lampe, le porte-bec et le bec à l'aide du bras G (fig. 22), jusqu'à ce que l'image de la flamme qu'il observe dans l'oculaire soit aussi mince que possible.

La flamme est alors *orientée* convenablement.

Si, par suite de ces opérations, l'image a cessé d'être bissectée par le fil vertical, il rectifie le réglage en déplaçant très légèrement la cuvette, *puis il l'immobilise définitivement au moyen de son écrou de serrage.* Le plan de la flamme passe alors par l'axe principal.

Quand le réglage est terminé, le télégraphiste retire le tube de réglage et ferme la douille postérieure.

2° Dans les appareils modèles 1896 et 1886-1896.

RÉGLAGE DE LA LAMPE OU DU BRULEUR.

La cuvette de la lampe ayant une position invariable, le réglage de la lampe *en direction* se trouve être assuré définitivement. Les opérations à exécuter par le télégraphiste se réduisent donc à régler la hauteur de la lampe et l'orientation de la flamme.

L'appareil étant posé sur son pied, la lampe placée dans la cuvette et la flamme réglée, le télégraphiste met le manipulateur à feu fixe, et, se plaçant devant l'objectif (1), il regarde, à travers l'objectif, la flamme et son image renversée donnée par le miroir concave.

Un second télégraphiste placé sur le côté droit de l'appareil exécute, suivant les indications du premier, les opérations décrites ci-après :

a) *Lampe à pétrole.* — Il abaisse ou élève le corps de la lampe dans sa cuvette (en utilisant des cales au besoin) jusqu'à ce que le premier télégraphiste aperçoive à travers l'objectif d'émission, exactement superposées, la partie la plus brillante de la flamme et la partie la plus brillante de son image renversée.

---

(1) L'œil aussi près que possible de l'axe d'émission.

La lampe est alors réglée *en hauteur*.

Puis il tourne la lampe sur elle-même dans sa cuvette jusqu'à ce que l'image de la flamme qu'observe le premier télégraphiste soit aussi mince que possible.

La flamme est alors bien *orientée*.

b) *Brûleur à acétylène*. — Après avoir desserré la bague de serrage M (fig. 23), le second télégraphiste maintient d'une main le téton T, puis fait tourner avec l'autre le corps de la lampe, de façon à abaisser ou à élever le brûleur jusqu'à ce que le premier télégraphiste aperçoive, à travers l'objectif d'émission, exactement superposées, la partie la plus brillante de la flamme et la partie la plus brillante de son image renversée.

Quand la flamme est à la hauteur voulue, il fixe le porte-bec *en serrant la bague M comme un contre-écrou contre le col de la lampe*.

Le brûleur est alors réglé *en hauteur*.

Le télégraphiste fait ensuite tourner l'ensemble constitué par la lampe, le porte-bec et le bec, à l'aide du bras C (fig. 22), jusqu'à ce que l'image de la flamme qu'observe le premier télégraphiste soit aussi mince que possible.

La flamme est alors *bien orientée*.

B. — On fait usage de la lumière solaire.

1° Dans les appareils modèle 1908.

RÉGLAGE DE L'HÉLIOGRAPHE DE CAMPAGNE MODÈLE 1909.

1° Réglage de l'instrument. — Le parallélisme de l'axe d'émission et de l'axe de réception de la lunette ayant été réglé une fois pour toutes par le constructeur, il n'y aura aucune opération de réglage à effectuer, et il suffit, pour mettre l'appareil en direction, d'amener l'image du correspondant au point de croisée des fils du réticule de la lunette.

2° *Réglage de la direction du faisceau lumineux.* —
Il est indispensable de maintenir constamment le faisceau lumineux réfléchi dans la direction du correspondant. Pour cela, on agira suivant le cas, soit sur
le miroir M (fig. 20), soit sur les mirois M M', de
façon que la tache lumineuse produite par la lentille
R recouvre toujours bien concentriquement la tache
noire placée au centre du disque R'.

Il est essentiel, en raison du faible champ de l'appareil, d'avoir un réglage aussi soigné et aussi cons-
tant que possible pour obtenir une bonne communication.

2° *Dans les appareils modèles 1896 et 1886-1896.*

RÉGLAGE DU TUBE SOLAIRE.

Ce réglage s'effectue de la même façon dans les
appareils de 0,10, modèles 1896 et 1886-1896.

L'appareil étant placé dans sa position de travail, le
télégraphiste introduit, dans la douille postérieure,
le tube solaire en le vissant à fond. Le centre de l'ouverture du diaphragme, placé au foyer principal de
la lentille solaire, coïncide alors avec le foyer principal de l'objectif d'émission.

Le principe du réglage consiste à faire pénétrer
les rayons solaires, après réflexion, dans le tube solaire, parallèlement à l'axe principal de la lentille solaire, c'est-à-dire à amener le centre de l'image lumineuse du soleil donnée par cette lentille au centre
de l'ouverture du diaphragme.

1° *Le miroir solaire peut recevoir les rayons solaires
directement.* — Le télégraphiste tourne le tube porte-
miroir sur lui-même et le miroir autour de son axe
jusqu'à ce que l'image lumineuse du soleil apparaisse
sur le diaphragme; puis il continue à donner au miroir les deux mouvements de rotation, mais cette fois
par petits déplacements, jusqu'à ce que cette image
semble disparaître dans l'ouverture du diaphragme.

2° *Le miroir solaire ne pouvant recevoir directement les rayons solaires, on utilise un miroir auxiliaire* (1). — Le télégraphiste tourne vers le miroirauxiliaire la face mate du miroir solaire. Puis il tourne le miroir auxiliaire à la fois sur sa tige et autour de son axe, jusqu'à ce que le centre du faisceau lumineux réfléchi par ce miroir vienne se peindre exactement au centre de la face mate du miroir solaire.

Ce résultat obtenu, il tourne le miroir solaire et achève le réglage du tube solaire comme si le miroirsolaire recevait directement les rayons du soleil (1er cas).

RECTIFICATION DU RÉGLAGE.

Par suite du mouvement apparent du soleil autour de la terre, l'image lumineuse du soleil formée sur le diaphragme se déplace, dans l'intervalle d'une minute, d'une quantité sensiblement égale au diamètre de cette image.

Il est nécessaire, par conséquent, de la ramener très fréquemment dans l'ouverture du diaphragme.

Pour effectuer cette rectification périodique du réglage, l'un des télégraphistes se place du côté opposé au soleil par rapport à l'appareil, généralement à droite toutes les fois qu'on utilise le miroir auxiliaire, et observe constamment le diaphragme; dès qu'il aperçoit sur les bords de l'ouverture un très léger croissant lumineux, il modifie très légèrement la position du miroir solaire de manière à faire disparaître ce croissant dans l'ouverture.

Si l'on fait usage du miroir auxiliaire, on opère comme ci-dessus, mais il est en outre nécessaire de recommencer, toutes les minutes environ, le réglage du miroir auxiliaire. Cette dernière opération, ayant pour effet de couper le faisceau lumineux, ne doit être

(1) *Observation.* — Il y a intérêt à restreindre l'emploi du miroir auxiliaire aux cas indispensables, en raison des pertes de lumière et de la complication du réglage qui en résultent.

exécutée que dans l'intervalle de la transmission des mots, tandis que la première peut être faite sans arrêter la transmission.

ART. 4.

Emploi des appareils.

Montage des appareils. — Le montage des appareils s'opère de la manière suivante :

Après avoir déchargé et posé à terre le matériel :

Développer les branches du pied, les arrêter à leur longueur en serrant les écrous à oreilles; écarter suffisamment les branches de manière à assurer la stabilité de l'appareil et l'horizontalité approximative de la plate-forme, puis resserrer les écrous qui fixent chaque branche au tenon correspondant de la plate-forme. Une des branches du pied doit être dans la direction approximative du correspondant. L'appareil, placé dans cette même direction, est ensuite fixé à la plate-forme.

On enlève les bouchons d'objectif et on soulève le volet d'avant.

A. *Avec l'appareil de 0,10 modèle 1896*, le montage est continué comme suit :

1° *On fait usage de la lampe à pétrole.*

Dégager les tenons supérieurs du fumivore et engager les tenons inférieurs dans la rainure *ad hoc;*

Enlever la cheminée, puis la lampe; dévisser le porte-bec à acétylène que l'on place provisoirement dans la boîte d'accessoires, avec le tuyau en caoutchouc;

Retirer le bec avec son étui du support de portière et tailler la mèche;

Remplir la lampe de pétrole aux deux tiers du réservoir avec le bidon muni de son bec; mettre en place le bec de la lampe, après avoir remonté la mèche pour éviter de la laisser frotter sur le fond du réservoir, sinon elle se contourne et ne remonte plus facilement;

Mettre la lampe dans la cuvette, la clef vers l'arrière, et engager la goupille du bouton de réglage dans la fente de la clef;

Mettre en place la cheminée complétée par la partie contenue dans la boîte d'accessoires, la face pleine de la cheminée tournée vers la portière;

Dégager convenablement les trous supérieurs du fumivore, ainsi que ceux de la cage de la lampe, pour assurer le tirage; démasquer l'ouverture de la cloison et les trous de la partie cylindrique, pour éviter la formation de buée sur l'objectif;

Allumer la lampe et régler la flamme;

Régler la lampe et s'assurer que le miroir concave est vissé à fond dans la douille postérieure.

2° On fait usage du brûleur à acétylène.

Montage du générateur. — Ouvrir le couvercle qui se trouve sur le dessus de l'appareil. Ce couvercle entraîne avec lui le panier à carbure et sa gaine;

Enlever le tout de l'enveloppe;

Retirer le panier à carbure, en saisissant le croisillon du bas et le dégageant des encoches à baïonnette de la gaine;

Si l'appareil n'a pas fonctionné depuis quelque temps, avoir soin de passer la grosse épinglette dans le pointeau, pour déboucher l'orifice o (fig. 22);

Remplir le panier de carbure (250 grammes environ); le replacer dans sa gaine, en dégageant le croisillon dans les encoches à baïonnette;

Fermer le robinet à gaz;

Verser de l'eau dans l'enveloppe jusqu'à environ 10 centimètres du bord supérieur; descendre le panier et sa gaine dans l'enveloppe;

Replacer le couvercle.

L'appareil est ainsi prêt à fonctionner.

Suspendre le générateur par l'anse et le crochet G à l'anneau de la vis de la plate-forme du pied.

Observations. — Une trop faible quantité d'eau

amènerait un échauffement exagéré pendant la marche et une pression insuffisante dans le débit du gaz.

L'appareil peut, sans inconvénient, être chargé en entier quelques heures avant sa mise en marche, et transporté ainsi, mais en ayant soin de le maintenir dans une position sensiblement verticale, afin d'éviter de renverser l'eau par le dessus de l'appareil.

Le renversement même du générateur contenant toute sa charge ne constitue nullement un danger, car le couvercle D supérieur fermant le réservoir A à frottement doux, sans interposition d'aucun joint, n'offre aucune résistance au dégagement de l'acétylène, ni même, le cas échéant, au passage de l'eau en petite quantité.

Montage du porte-bec. — Mettre le fumivore à sa position de fonctionnement;

Enlever la cheminée à pétrole de son support;

Tourner le raccord à téton du porte-bec vis-à-vis de l'ouverture pratiquée dans la porte de l'appareil;

Réunir le générateur au porte-bec, à l'aide du tuyau en caoutchouc, qui ne doit présenter ni étranglement, ni point bas où pourrait se rassembler l'eau de condensation.

Ce tuyau doit passer dans l'ouverture de la porte de l'appareil.

Ces deux montages effectués, ouvrir le robinet R (1) du générateur, allumer le brûleur et régler la flamme.

Régler ensuite le brûleur et s'assurer que le miroir concave est vissé à fond dans la douille postérieure.

3° *On fait usage de la lumière solaire.*

Dégager le fumivore, enlever la cheminée qui est placée dans la sacoche, puis enfoncer le fumivore à

---

(1) *Observation.* — Ne jamais ouvrir le robinet R sans que le bec soit relié au générateur.

sa position de transport, enlever le miroir arrière de la douille et le mettre dans la boîte d'accessoires;

Enfoncer le tube porte-miroir dans le tube porte-lentille, et l'ensemble, à refus, dans le tube porte-diaphragme que l'on visse alors dans la douille arrière de l'appareil;

Régler le tube solaire en se servant au besoin du miroir auxiliaire placé dans la position la plus convenable.

Terminer dans les trois cas le montage de l'appareil par les opérations suivantes :

Essuyer convenablement avec la peau de chamois l'objectif d'émission, l'oculaire et l'objectif de la lunette. Mettre au point la lunette pour la vision à distance.

Remarque. — Lorsqu'on doit se servir alternativement comme source lumineuse de la lampe à pétrole et du soleil, la lampe est enlevée et mise de côté toute montée avec sa cheminée, de même pour le tube solaire; le fumivore n'est mis en place qu'avec la lampe.

B. *Avec l'appareil de 0,10, modèle 1886-1896*, le montage se fait d'une manière analogue à celle décrite pour l'appareil modèle 1896, mais avec les différences suivantes :

La lampe est placée toute montée dans sa cuvette, puis le fumivore est mis en place;

Le faux bec est vissé sur son étui et replacé contre la portière de la cage de la lampe;

Le tube solaire est vissé dans la douille postérieure, complet.

C. *Avec l'appareil de 0,10, modèle 1908*, le montage se fait d'une manière analogue à celle décrite pour l'appareil de 0,10, modèle 1896, mais avec les différences suivantes :

Prendre le fumivore dans le compartiment avant de la caisse en ouvrant la porte antérieure droite de l'appareil;

Placer la lampe ou le brûleur dans sa position de travail en ouvrant les deux verrous et en laissant glisser dans la cuvette le corps de la lampe. S'assurer que le volet de la douille arrière est fermé.

Il n'est pas fait usage de la lumière solaire dans cet appareil.

D. *Avec l'héliographe de campagne modèle 1909*, une précaution importante à prendre consiste à développer *le moins possible* en hauteur le pied de l'appareil (1), de manière à en assurer la stabilité qui est indispensable pour obtenir un bon feu. On aura donc soin de ne faire sortir les parties inférieures des branches portant les pointes que le moins possible, juste assez pour pouvoir ficher ces pointes en terre, et, l'appareil une fois en station, *de serrer à fond toutes* les vis du pied.

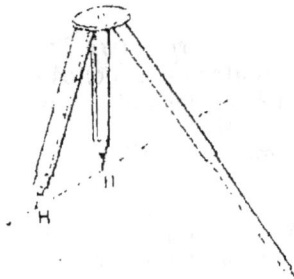

Fig. 29

Si l'on est obligé de s'installer sur un terrain incliné, on s'efforcera de placer toujours deux pieds non développés au même niveau H H (fig. 29), ou à peu près, de manière à n'allonger que le troisième.

---

(1) Afin d'éviter la fatigue qui résulterait, pour les télégraphistes, de la faible hauteur de l'appareil, ceux-ci peuvent s'asseoir et se trouvent ainsi à bonne hauteur pour manipuler et recevoir.

Démontage des appareils. — Le démontage s'effectue dans les conditions inverses de celles du montage.

Lorsque l'appareil ne doit pas servir pendant quelque temps, on doit vider le pétrole de la lampe dans le bidon, et, si on fait usage de l'acétylène, il faut :

Fermer le robinet R du générateur;

Enlever le tuyau en caoutchouc et le rassembler dans la cage de la lampe de l'appareil;

Remettre la cheminée à pétrole *dans la douille* du brûleur;

Remettre le fumivore à sa position de route;

Vider l'eau du générateur et enlever la chaux du panier à carbure. Le nettoyage complet à grande eau, indiqué ci-après, doit être exécuté le plus tôt possible.

On ne doit jamais remettre l'appareil et ses accessoires dans les boîtes et sacoches sans prendre les précautions indiquées à l'article ci-après.

Avant de fermer les boîtes et sacoches, on s'assure qu'on n'oublie rien.

Si on est amené à déplacer l'appareil monté pour le remettre en station en un point très voisin, il faut enlever la lampe ou le tube solaire, fermer le robinet R du générateur et détacher le tuyau en caoutchouc; le générateur ainsi arrêté est d'ailleurs prêt à fonctionner à nouveau; enfoncer ou enlever le fumivore, rentrer la lunette, mettre les bouchons d'objectif ou rabattre le volet d'avant, fermer les portières; on décroche le générateur de l'anneau de la plate-forme; on rapproche les branches du pied, on les saisit de manière à porter l'appareil devant soi, et on prend le générateur à la main; on ne doit jamais mettre le pied sur l'épaule, l'appareil en arrière.

Si le déplacement à faire est un peu long, l'appareil est séparé du pied et porté au moyen de la poignée; le pied est porté à part tout monté.

ART. 5.

Soins à donner aux appareils.

Les appareils ne doivent subir aucun démontage ou réparation autres que ceux prévus ci-après :

Les surfaces des lentilles et des miroirs doivent être maintenues en parfait état de propreté; il faut en enlever avant chaque séance la poussière, qui affaiblirait beaucoup l'intensité des faisceaux lumineux. A cet effet, on les frotte avec la peau de chamois (1), en prenant les plus grandes précautions pour ne pas déplacer les organes de l'appareil.

Les verres de la lampe, le verre de la cage de la lampe sont également nettoyés avec le plus grand soin, aussi souvent que cela est nécessaire, au moyen du torchon.

L'intérieur du bec de la lampe doit être nettoyé avec le torchon et débarrassé des cendres de mèche qui pourraient obstruer l'entrée de l'air nécessaire à la combustion.

La paire de ciseaux doit servir uniquement à tailler la mèche de la lampe.

L'intérieur de la cheminée et du fumivore, ainsi que les toiles métalliques du fumivore et des ouvertures pratiquées dans la cage de la lampe pour le tirage, doivent être remis en état de propreté, en enlevant, à l'aide de papier, puis du torchon, la suie et le noir de fumée qui ont pu s'y amasser.

On doit essuyer soigneusement le pétrole sur la lampe, le bec, la cuvette et le bidon.

Lorsqu'un tube n'entre dans sa douille qu'à frottement dur, il faut se garder de le graisser; on le frotte avec du papier ou de la toile émeri très fine.

On s'assurera que les parties en acier ne se rouillent pas et qu'elles sont toujours lubréfiées.

---

(1) Qui ne doit servir qu'à cet usage.

On doit éviter soigneusement les chocs qui pourraient fausser les tôles et, en particulier, celle de la paroi arrière de la cage de la lampe. On doit toujours retirer l'appareil de la sacoche avec précaution.

Pour éviter les chutes accidentelles de l'appareil, on doit donner aux branches du pied un écartement suffisant et enfoncer les pointes dans le sol.

Quand la correspondance est terminée, on range tout le matériel avec le plus grand soin, on enlève la poussière ou l'eau qui auraient pu se déposer sur les appareils, et on remet le tout dans le plus grand état de propreté.

Dans le cas où on fait usage de l'acétylène, on doit observer très soigneusement toutes les recommandations suivantes :

1° *Nettoyage du générateur.* — Le nettoyage doit se faire à grande eau, le plus tôt possible après toute mise en service, afin d'éviter que ce qui reste de chaux ne fasse prise dans le panier à carbure. Les différentes parties sont soigneusement lavées puis séchées; les robinets et le point de vis du pointeau sont démontés, graissés avec la graisse spéciale (1), puis remontés en évitant avec soin l'introduction du sable dans les joints.

2° *Entretien des becs.* — Si un bec en stéatite est engorgé, déboucher les ouvertures en y introduisant avec précaution une petite épinglette (2).

Les becs de rechange doivent toujours être conservés dans leur étui et manipulés avec précaution.

3° *Prescriptions diverses.* — Le tuyau en caoutchouc doit être enroulé et non plié; le pliage amènerait une usure rapide.

Ne pas dépenser inutilement le blanc de zinc, qui

(1) Graisse plombaginée (qui fait partie des accessoires), à l'exclusion de toute autre graisse.
(2) A l'exclusion de tout autre objet analogue (épingle ordinaire, par exemple, ayant un diamètre trop fort).

est indispensable, et ne pas perdre les épinglettes, qui sont précieuses.

En cas de repos prolongé de l'appareil producteur, avoir soin de bien dessécher et de graisser les robinets exclusivement avec la graisse spéciale plombaginée.

Réparations et remplacements.

Les appareils ne doivent jamais être réparés et démontés par le télégraphiste. Les sacoches seules peuvent être entretenues par les soins des corps de troupe.

La lunette ainsi que l'oculaire à fils ne devront être démontés qu'en cas de nécessité absolue et en présence d'un officier; il faudra apporter le plus grand soin au démontage et au remontage, ne pas fausser les filets de vis et surtout replacer les verres exactement dans le même ordre et dans la même position.

Les remplacements les plus courants à faire sont les suivants :

Remplacer la mèche. — Couper environ 0 m. 12 à 0 m. 13 de mèche bien carrément, l'introduire par la partie inférieure du bec, en tournant la clef dans le sens de la montée jusqu'à ce que les griffes prennent sur la mèche; si la lampe doit servir immédiatement, faire sortir toute la mèche au-dessus du bec et la tremper dans le pétrole, replacer ensuite la mèche à sa position normale et visser le bec sur la lampe.

Lorsque la mèche monte difficilement, soit par suite de l'usage, soit par suite de l'usure des griffes, enlever la mèche pour la remplacer en changeant de face ou d'extrémité.

Remplacer un bec en stéatite. — Pour remettre un nouveau bec sur le porte-bec, bien nettoyer avec un chiffon gras (imbibé d'huile et non de pétrole) la partie filetée, enduire légèrement de blanc de zinc la partie correspondante du bec en stéatite et le visser à la main ou avec la pince sans faire effort sur les branches en stéatite.(1), en saisissant l'embase en cuivre de ce bec avec la pince tenue verticalement.

Remplacer un verre de cheminée. — Enlever les débris de verre qui pourraient rester dans les rainures et placer un des verres de rechange; si celui-ci a trop de jeu et peut glisser facilement hors des rainures, mettre de petites cales en bois, mais ne jamais resserrer les angles des cornières; si on ne peut remplacer le verre d'une des ouvertures placées sur l'axe d'émission, enlever celui qui reste, de façon que la flamme conserve sa symétrie et ne devienne pas fumeuse.

Remplacer un ressort de manipulateur. — Pour remplacer un ressort de manipulateur devenu trop lâche, dégager les anneaux des extrémités du ressort des rainures ou des crochets correspondants; placer le ressort neuf dans ses rainures ou crochets en terminant par la rainure portée par le manipulateur ou, s'il s'agit de crochets, par le crochet fixé à la cage de la lampe.

Remplacer une rondelle de pont d'obturateur. — Démonter le pont de l'obturateur en dévissant les boutons moletés ou les écrous à oreilles, replacer la rondelle neuve et remonter le pont en y engageant la tige de l'obturateur.

Le plus souvent, les rondelles ne sont usées qu'en un point; dans ce cas, il suffit de les tourner sur elles-mêmes en desserrant ou même en enlevant le pont.

Remplacer un obturateur. — Pour remplacer un obturateur dont la tige s'est cassée par suite de chocs, on opère de la façon suivante :

a) *Appareils modèle 1896 et modèle 1908.* — Dé-

(1) La stéatite est très fragile.

gager le ressort de la rainure de la tige et enlever le pont;

Enlever la vis et la rondelle qui arrêtent l'extrémité avant de l'axe du manipulateur sur la paroi avant de la cage de la lampe;

Enlever la vis qui maintient à l'arrière la manette du manipulateur et dégager celle-ci du carré de l'axe;

Sortir l'axe par l'intérieur de la cage en le retirant légèrement vers l'arrière;

Desserrer la vis qui maintient la tige et l'obturateur sur l'axe;

Replacer l'obturateur de rechange sur l'axe en faisant entrer la vis dans le trou correspondant de l'axe, puis achever de remonter le manipulateur en suivant la marche inverse.

b) *Appareils modèle 1886-1896.* — Dévisser l'écrou carré qui maintient la manette du manipulateur en frappant légèrement sur les angles de cet écrou avec le tournevis (à défaut de pince plate); enlever la manette.

Enlever la douille de l'axe du manipulateur qui se trouve dans la paroi arrière de la cage de la lampe à l'aide du tournevis, en maintenant avec la main, à l'intérieur, les petits écrous carrés;

Dégager le ressort du manipulateur, ainsi que le pont, et sortir l'axe avec l'obturateur cassé;

Enlever les trois vis qui maintiennent la tige de l'obturateur cassé;

Dévisser l'obturateur de rechange de sa douille et fixer la tige sur la douille adhérente à l'axe, au moyen des trois vis, soit de l'ancien obturateur, soit du nouveau.

Remonter le manipulateur dans l'ordre inverse des opérations ci-dessus.

c) *Héliographe de campagne.* — L'appareil comporte comme rechanges :

Un barillet;

Cinq goupilles fendues,

destinées à permettre de remplacer facilement le ressort de l'obturateur qui peut être cassé au bout d'un certain temps de fonctionnement.

Pour effectuer ce remplacement, il suffit d'enlever avec une pince plate la goupille fixant le barillet sur le carré de l'axe de l'obturateur, de placer le barillet de rechange et de remettre une goupille pour le maintenir.

CHAPITRE V.

INSTALLATION D'UN POSTE OPTIQUE
DE CAMPAGNE.

———

ARTICLE PREMIER.

Personnel, Matériel, Archives.

Personnel. — Le personnel nécessaire au fonctionnement d'un poste optique comprend un certain nombre de télégraphistes, calculé, en principe, à raison de deux télégraphistes par appareil, et un gradé, chef de poste.

Dans le cas où certaines communications doivent fonctionner jour et nuit, le personnel du poste doit être augmenté, de façon qu'à chacun des appareils desservant ces communications puissent être affectés quatre télégraphistes au lieu de trois.

Si un poste, en raison de sa faible importance, ne compte que deux télégraphistes, le plus ancien remplit les fonctions de chef de poste.

Devoirs et responsabilité du chef de poste. — Les devoirs et la responsabilité qui incombent au chef de poste sont entièrement définis au chapitre VI, pour tout ce qui concerne l'installation, la fermeture, le repliement d'un poste optique, le secret des correspondances, la tenue du poste et des archives.

En ce qui concerne plus particulièrement le matériel, le chef de poste doit assurer l'exécution stricte des prescriptions relatives aux soins à donner aux appareils.

Il doit s'assurer que les appareils en service res-

tent orientés en permanence dans les diverses directions de correspondance, et sont toujours tenus dans
le plus grand état de propreté.

Il doit interdire, avec les correspondants, toute con-
versation autre que celles nécessitées par le service,
et exiger que le service s'exécute dans le plus grand
silence possible.

Matériel. — Le matériel nécessaire au fonctionnement d'un poste optique comprend : un certain nombre d'appareils optiques complets, à raison, en
principe, d'un appareil par direction à desservir, des
engins destinés à faciliter la recherche du correspondant, s'il y a lieu (pistolets signaleurs, cartouches), et
dans le cas d'un fonctionnement de longue durée, une
réserve d'objets de consommation (pétrole, carbure,
carnets, crayons, papier, fournitures de bureau).

Dans certains cas particuliers, il peut être affecté
à un poste optique du matériel destiné à abriter les
télégraphistes et les appareils (tentes, baraques,
etc.) (1).

Archives. — Les archives d'un poste optique comprennent : des carnets de départ, d'arrivée, et tous les
renseignements nécessaires au bon fonctionnement du
réseau. (Instructions générales concernant le réseau;
instructions et consignes particulières du poste.)

Elles comprennent si possible un extrait de la carte
au 80.000e, et, en tout cas, un croquis du réseau, avec
les indications suivantes : emplacements du poste,
emplacements des postes correspondants ou repères
des directions de ces postes, points remarquables du
terrain, emplacements voisins du poste d'où l'on peut
communiquer avec les postes correspondants.

_____

(1) Les télégraphistes peuvent également, dans le cas d'un
stationnement de longue durée, se construire un abri avec
des matériaux trouvés sur place.

Le croquis du réseau doit être établi de façon telle que les lignes optiques se distinguent des lignes téléphoniques, et que les postes entre lesquels se fera le transit de la ligne optique à la ligne téléphonique, et. *vice versa*, soient indiqués très nettement.

Art. 2.

Choix de l'emplacement d'un poste optique.

Choix de l'emplacement sur la carte. — Les ordres prescrivant l'installation des postes optiques indiquent, d'une manière générale, sur la carte, la zone d'établissement de chacun de ces postes.

Les zones à indiquer dans ces conditions sont, de préférence, les positions dominantes d'où l'on peut apercevoir, d'une manière aussi dégagée que possible, les emplacements des correspondants; les signaux de la carte d'état-major indiquent généralement les emplacements favorables, à moins toutefois qu'ils ne se trouvent en terrain couvert.

Il faut, en outre, éviter, si l'on peut, que, sur les lignes optiques à établir, les faisceaux lumineux rasent de trop près les crêtes ou obstacles intermédiaires : il pourrait arriver, en effet, que la communication, possible la nuit, ne le soit plus pendant le jour (1).

Emplacement du poste sur le terrain. — Dans la zone d'établissement qui lui a été indiquée, le chef de poste doit rechercher, pour chaque appareil, l'emplacement le plus dégagé possible, non au point cul-

---

(1) Il est facile de s'assurer rapidement que la visibilité entre deux emplacements éventuellement choisis existe, et que la communication est possible dans de bonnes conditions; il suffit, pour cela, d'imaginer (ou de faire) le profil du terrain entre ces deux emplacements, et d'examiner la position de la ligne droite qui les joint, par rapport aux obstacles intermédiaires (crêtes, agglomérations de maisons, usines répandant de la fumée, cours d'eau ou étang susceptible d'émettre des brouillards, etc.).

minant lui-même (1), mais dans son voisinage, de façon que chaque appareil ait derrière lui non pas le
ciel, mais un fond sombre sur lequel les signaux se
détacheront mieux pour le correspondant. Il doit rechercher, par exemple, la lisière d'une forêt, un buis-
son, une haie, un mur ou une palissade de couleur
foncée, une fenêtre ou une porte d'habitation.

Il doit éviter, par-dessus tout, les murs blancs ou
les routes éclairées par le soleil.

Art. 3.

Mise en station.

L'emplacement exact de l'appareil ayant été choisi,
le chef de poste procède à la mise en station.

La mise en station a pour objet de diriger l'axe de
réception et, par conséquent, l'axe d'émission de l'appareil (2), dans la direction du correspondant. Elle
comporte, en principe, l'exécution des quatre opérations consécutives suivantes :

1° Repérer sur le terrain la direction approximative
du correspondant;

2° Placer l'appareil dans la position du travail;

3° Effectuer les réglages afférents à l'appareil et à
la nature de la source lumineuse employée;

---

(1) L'emplacement choisi pour un poste, est bon :

1° Quand il permet de communiquer avec des signaux
bien visibles avec les postes correspondants. (Les fonds de
couleur uniforme facilitent la lecture des signaux optiques.)

2° Lorsqu'il est défilé aux vues et aux coups de l'ennemi.
(Éviter de se placer sur les crêtes, choisir au contraire un
emplacement au-dessous de la ligne de défilement, ou encore
sur un flanc, et jamais à proximité immédiate d'un point de
repère remarquable.)

3° Quand il permet de se déplacer facilement.

S'il est nécessaire de placer un poste sur une ligne d'horizon (dans le cas, du moins, où celle-ci ne peut être vue de
l'ennemi), le chef de poste improvisera, si possible, un fond
sombre à l'aide de capotes, de bâches, etc.

(2) Rendu parallèle dans l'appareil modèle 1908.

4° Pointer l'appareil dans la direction approximative du correspondant.

1° *Repérer sur le terrain la direction approximative
du correspondant.* — Dès son arrivée sur l'emplacement qu'il a choisi, le chef de poste s'oriente à l'aide
des moyens à sa disposition (1).

Puis il cherche, dans la direction approximative de
son correspondant, un point de repère facile à retrouver en toutes circonstances (2). Si, sur la direction
ainsi repérée, le chef de poste observe un obstacle
(maison, bouquet d'arbres, crête, etc.) qui paraisse
lui cacher l'emplacement probable du correspondant,
il doit se déplacer et choisir un nouvel emplacement,
d'où il cherche à nouveau à repérer la direction approximative du correspondant.

2° *Placer l'appareil dans sa position de travail.* —
La direction du correspondant étant repérée, les télégraphistes procèdent au montage de l'appareil face à
cette direction.

Les trois branches du pied doivent être assez écar-
tées pour présenter suffisamment de résistance au vent
et assurer la stabilité de l'appareil.

L'une des branches doit être placée dans la direction approximative du correspondant.

En terrain accidenté, il y a lieu de prendre certaines dispositions spéciales :

Si l'emplacement du poste est un sol très en pente
et la direction à desservir sensiblement horizontale,
le télégraphiste peut rentrer ou replier les deux
branches d'arrière du pied, ou inversement la branche
d'avant; dans tous les cas, il doit caler soigneuse-

---

(1) Carte, boussole, soleil, étoile polaire, croquis, renseignements.
(2) A défaut de point de repère remarquable, il peut toujours faire disposer en avant de lui et le plus loin possible
dans la direction du correspondant, un repère à l'aide d'un
jalon, tas de pierres, etc.

ment, avec une grosse pierre, par exemple, l'extrémité des branches qui font avec le sol un angle inférieur à 45°.

Si la direction à desservir est très inclinée et l'emplacement du poste un sol sensiblement horizontal, la branche antérieure ou les deux postérieures sont voisines de la verticale; dans les deux cas, la ou les branches opposées doivent être enterrées de façon à s'opposer au renversement de l'appareil (I).

3° *Effectuer les réglages afférents au modèle d'appareil et à la nature de la source lumineuse employés.* — L'appareil étant placé dans sa position de travail, le télégraphiste effectue les différents réglages, méthodiquement et avec le plus grand soin, suivant les règles et dans l'ordre prescrit au chapitre IV, article 3.

Si l'objet remarquable qui détermine dans le paysage la direction approximative du correspondant est suffisamment éloigné et visible, le télégraphiste doit, s'il y a lieu, régler sur ce repère le parallélisme de son appareil (appareil modèle 1908).

4° *Pointer l'appareil dans la direction approximative du correspondant.* — Dans le cas où le télégraphiste a réglé le parallélisme sur le repère choisi pour déterminer la direction du correspondant, ce repère se trouvant au centre du champ de la lunette, l'appareil est, de ce fait, pointé dans cette direction (appareil modèle 1908).

Dans le cas contraire (appareils modèles 1896 et 1886-1896), le télégraphiste pointe son appareil en direction et en hauteur, de façon à apercevoir, à peu près au centre du champ de la lunette, le repère éloigné choisi.

_____

(1) *Observation.* — Dans le cas très particulier où le télégraphiste doit desservir deux directions avec le même appareil, il dispose, autant que possible, le pied de façon à éviter d'avoir à modifier sa position, et à n'avoir qu'à changer le pointage en direction, en corrigeant très peu celui en hauteur.

Il est rappelé que le pointage en direction s'obtient par rotation de l'appareil proprement dit sur la plate-forme du pied, la vis de la plate-forme étant légèrement desserrée. Le pointage en hauteur s'obtient :

Dans l'appareil de 0,10 modèle 1886-1896, en modifiant l'écartement des branches du pied, ou, si le sol est meuble, en enfonçant l'une ou l'autre plus ou moins dans le sol;

Dans les appareils de 0,10 modèles 1896 et 1908, en enfonçant plus ou moins la partie inférieure dans la partie supérieure de la branche du pied placée dans la direction du correspondant.

Le pointage de l'appareil étant achevé, le télégraphiste met le manipulateur à feu fixe et, dans le cas de l'emploi de la lumière solaire, rectifie le réglage du tube solaire (1).

ART. 4.

Recherche du correspondant.

Dès que la mise en station est terminée, le chef de poste ou le télégraphiste regarde à nouveau sa carte, examine les différents points de l'horizon situés dans la direction approximative du correspondant et leur figuration sur la carte. Il s'efforce de reconnaître les points extrêmes de la zone d'établissement du correspondant et d'en repérer les directions au moyen d'objets du paysage ou de jalons improvisés; les deux directions ainsi repérées marquent les limites extrêmes du secteur dans lequel il convient de rechercher le correspondant.

---

(1) Observation. — Toutes les opérations qui précèdent (choix de l'emplacement sur le terrain, mise en station) doivent être effectuées avec le plus grand soin, et l'on doit s'arranger de manière qu'elles soient terminées avant l'heure à laquelle doit commencer la recherche du correspondant, heure qui doit être indiquée dans l'ordre prescrivant l'installation des postes. L'heure d'arrivée des télégraphistes et de leur matériel de poste sur le terrain doit donc être largement calculée en conséquence.

A l'heure prescrite pour le commencement de la recherche, autant que possible avant la tombée de la nuit, l'un des télégraphistes met l'œil à la lunette et, sans modifier le pointage de l'appareil, examine le terrain compris dans le champ; le second télégraphiste observe l'emplacement probable du correspondant (1).

1er CAS. — *Le feu du correspondant est aperçu dans la lunette.* — Le télégraphiste rectifie le pointage de l'appareil de façon à amener le feu du correspondant sur l'axe de réception, c'est-à-dire au centre du champ de la lunette, s'il n'y est déjà. A cet effet, il exécute les opérations suivantes :

a) Rectifier le pointage en direction pour placer le feu F dans le plan vertical 1-2 de l'axe de réception. (fig. 30);

Serrer la vis de la plate-forme et s'assurer que l'image du feu n'a pas bougé en direction; sinon, rectifier à nouveau le pointage en direction;

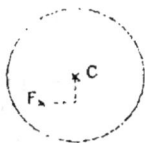
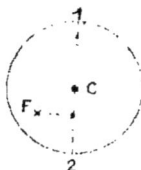

Fig. 30.   Fig. 31.

b) Rectifier le pointage en hauteur pour placer le feu sur l'axe de réception (fig. 31);

c) Vérifier le serrage de tous les écrous du pied; s'assurer que le feu n'a pas quitté l'axe de réception et, s'il y a lieu, exécuter à nouveau les opérations *a)* et *b)*.

Dans le cas de l'emploi de la lumière solaire, le

---

(1) A l'œil nu, ou, si possible (proximité d'un officier ou d'une unité), à la jumelle.

second télégraphiste rectifie le réglage du tube solaire.

Puis, le poste envoie des séries d'appels et plusieurs
fois l'indicatif du poste avec les intervalles de feu fixe,
jusqu'à ce que le correspondant ait répondu. La communication est alors établie.

2e CAS. — *Le feu du correspondant n'est pas visible
dans la lunette, mais est aperçu à l'œil nu.* — Le second télégraphiste repère immédiatement et aussi
exactement que possible, au moyen d'un point remarquable du terrain, la direction dans laquelle il aperçoit le feu du correspondant.

Le premier télégraphiste pointe aussitôt l'appareil
dans cette direction. Deux éventualités peuvent se produire :

a) *Le feu du correspondant est permanent.* — Sitôt
que le feu apparaît dans la lunette, le premier télégraphiste rectifie le pointage et l'établissement de la
communication s'achève comme dans le premier cas.

b) *Le feu du correspondant est fugitif et s'éclipse
avant que l'appareil ait pu être pointé dans sa direction.* — Le premier télégraphiste pointe l'appareil
dans la direction repérée, de façon que la position en
hauteur et en direction par rapport au centre du
champ de la lunette, de l'image de l'objet remarquable, pris comme repère, soit sensi-
blement la même que la position (en
hauteur et direction) de cet objet remarquable par rapport au point où
le feu du correspondant a été aperçu.
Par exemple, si le feu du correspondant a été aperçu un peu à droite et
un peu au-dessus du repère choisi
(R), l'image de ce repère devra se

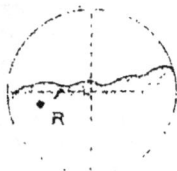
Fig. 32.

trouver à gauche et au-dessous du centre du champ
de la lunette (fig. 32).

Dans le cas de l'emploi de la lumière solaire, le
second télégraphiste rectifie le réglage du tube solaire.

Puis le poste envoie des séries d'appels et plusieurs fois l'indicatif du poste avec des intervalles de feu fixe. Le premier télégraphiste garde l'œil à la lunette, le second continue à observer attentivement (1) dans la direction repérée. Dès que le feu reparaît à nouveau, l'opération s'achève et la communication s'établit comme dans le premier cas.

Si, après quinze minutes environ, le feu du correspondant n'a pas reparu, les télégraphistes opèrent suivant la méthode de recherches exposée ci-après (3ᵉ cas).

3ᵉ CAS. — *Le feu du correspondant n'est visible ni dans la lunette, ni à l'œil nu.* — Le principe de la méthode de recherche à appliquer dans ce cas par les deux correspondants est le suivant : *Balayer le secteur qui embrasse la zone d'établissement du correspondant avec le faisceau lumineux d'émission par tranches horizontales, en donnant à l'appareil proprement dit une série de positions fixes successives, dites stations, telles que deux champs d'émission consécutifs se recoupent toujours; à chaque station de l'appareil, explorer attentivement le terrain vu dans la lunette. Le champ de réception étant toujours supérieur au champ d'émission (en largeur), deux champs de réception consécutifs se recouperont toujours ainsi et toute la zone d'établissement du correspondant sera par conséquent balayée et explorée par la lunette. En principe, l'un des appareils fait des stations assez longues, afin que, pendant la durée de chacune de ces stations, l'appareil correspondant ait le temps de balayer tout le secteur. Le premier appareil fait alors des stations dites « Stations longues », dont la durée permet d'envoyer, par exemple, vingt fois l'indicatif du poste; pendant chaque station, le second appareil fait des stations dites « Stations courtes », dont la durée permet d'envoyer, par exemple, deux ou trois fois l'indicatif du poste. Le genre de*

_____

(1) A l'œil nu, ou, si possible, à la jumelle.

stations à faire (longues ou courtes) est indiqué dans l'ordre prescrivant l'installation des postes.

Par cette méthode, il arrive nécessairement un moment (lorsque l'axe d'émission de l'appareil aux stations longues passe par le correspondant) où les axes d'émission et de réception des deux appareils se trouvent en coïncidence : les correspondants se sont alors trouvés.

L'application de la méthode, qui exige beaucoup de *calme*, d'*attention* et de *persévérance*, est la suivante :

a) *La recherche du correspondant s'effectue en plein jour ou pendant la nuit, mais le paysage est visible assez nettement dans la lunette.* — Le télégraphiste, l'œil à la lunette, balaye le terrain suivant une ligne horizontale, par une suite de stations courtes ou longues, selon l'ordre donné, de droite à gauche, puis de gauche à droite, jusqu'aux limites extrêmes de la zone, limites dont les directions ont été repérées. Pour passer d'une station à la station consécutive suivante, il applique rigoureusement cette règle : *Tourner l'appareil sur son pied d'un angle horizontal égal au quart du champ de réception en largeur, dans le cas de l'emploi de la lumière solaire, et à la moitié du champ de réception en largeur, dans le cas de l'emploi d'une source lumineuse artificielle,* c'est-à-dire de façon à apercevoir toujours dans la lunette, à une station quelconque, soit les *trois quarts*, soit la *moitié en largeur du paysage aperçu dans la lunette dans la station précédente* (selon qu'il est fait emploi de la lumière solaire ou d'une source lumineuse artificielle). (Voir fig. 33 et 34.)

Pour balayer, s'il y a lieu, une nouvelle tranche horizontale suivant la même méthode, il modifie le pointage en hauteur en appliquant l'une des règles ci-après :

1° *La source lumineuse employée est le soleil.* — *Relever ou abaisser l'axe de réception d'un angle égal au quart du champ de réception en hauteur,* c'est-

à-dire rectifier le pointage en hauteur de façon à apercevoir dans la lunette les trois quarts en hauteur du.

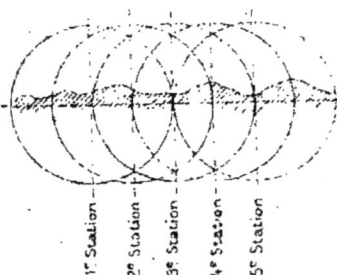

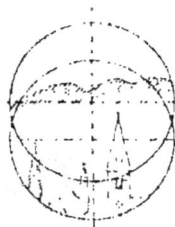

Cas de l'emploi de la lumière solaire

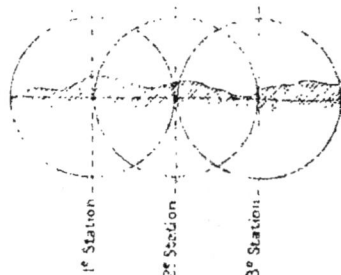

Cas de l'emploi d'une
source lumineuse artificielle

Fig. 33.

Fig. 34.

paysage aperçu dans la lunette pendant la station précédente. (Le champ d'émission en hauteur, dans le cas
du soleil, est légèrement supérieur au quart du champ
de réception en hauteur (fig. 35).

1° Tranche horizontale

2° Tranche horizontale

Emploi de la lumière solaire.

Fig. 35.

2° *La source lumineuse employée est le pétrole ou*
l'acétylène. — Relever ou abaisser l'axe de réception
d'un angle égal au champ de réception en hauteur,
c'est-à-dire rectifier le pointage en hauteur de façon à
n'apercevoir dans la lunette qu'une très faible partie
du paysage aperçu dans la lunette pendant la station
précédente. (Le champ de réception en hauteur est

inférieur au champ d'émission en hauteur dans le cas. des sources artificielles) (fig. 36).

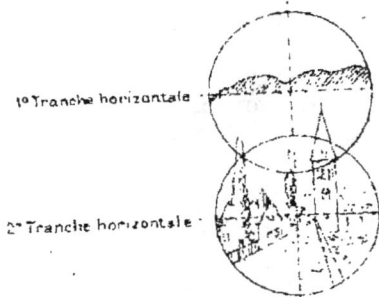

Emploi d'une source lumineuse artificielle.

Fig. 36.

A chaque station, le télégraphiste rectifie le réglage du tube solaire, si la source employée est le soleil, et. envoie deux à trois fois ou vingt fois l'indicatif de son poste, suivant que la station est courte ou longue.

Pendant ces opérations, le second télégraphiste continue à observer la zone d'établissement du correspondant (1).

Si le premier télégraphiste aperçoit le feu du correspondant dans sa lunette, il achève l'établissement de la communication comme dans le premier cas.

Si le deuxième télégraphiste aperçoit le premier le feu du correspondant, l'établissement de la communication s'achève comme dans le deuxième cas.

b) *La recherche du correspondant s'effectue pendant la nuit et le paysage ne peut pas être vu assez distinctement dans la lunette.* — Dans ce cas, il est généralement fait usage du pistolet signaleur, dont l'emploi est donné plus loin.

Dès que la fusée est aperçue, il faut en repérer sommairement la direction, soit par des points remar-

_____

(1) A l'œil nu, ou, si possible, à la jumelle.

quables, soit par un jalonnement (1) et ce n'est
qu'après cette opération que l'on commence le pointage de l'appareil.

Si la lumière aperçue est fixe (feu improvisé), le
télégraphiste pointe immédiatement l'appareil dans sa
direction et la méthode de recherche s'effectue comme
il suit :

Le télégraphiste, l'œil à la lunette, balaye le terrain
suivant une ligne horizontale, en faisant dix stations
consécutives à droite et dix stations consécutives à
gauche de la direction initiale, stations longues ou
courtes suivant les ordres donnés.

Pour passer d'une station à la station consécutive
suivante, il applique cette règle : *tourner l'appareil sur
son pied d'un angle horizontal égal au champ d'émission en largeur.* A cet effet, le deuxième télégraphiste
se porte un peu en avant de l'appareil, 20 mètres environ, si possible, et se place sur la limite droite du
champ d'émission; le premier télégraphiste tourne
alors l'appareil proprement dit, lentement, vers la
droite, jusqu'à ce que le deuxième télégraphiste lui
signale que le feu va disparaître : l'appareil est, à ce
moment, placé dans la position voulue pour la deuxième station; le deuxième télégraphiste se reporte ensuite sur la limite droite du nouveau champ, et l'opération se continue de la même façon.

Pour balayer, s'il y a lieu, une nouvelle tranche
horizontale, suivant la même méthode, le premier télégraphiste modifie le pointage en hauteur en appliquant cette règle : *Relever ou abaisser l'axe de réception d'un angle égal au champ de réception en hauteur.*
A cet effet, le deuxième télégraphiste se place à quelques mètres devant l'appareil, au milieu du champ
d'émission, et de façon à être vu en partie dans la

---

(1) Pour le jalonnement, un des télégraphistes reste derrière l'appareil; l'autre, partant de l'appareil, marche droit
sur la fusée aperçue sans la perdre de vue et aussi loin que
possible. Il s'arrête aussitôt la fusée disparue et se conforme
aux indications du télégraphiste resté à l'appareil.

lunette; le premier rectifie le pointage en hauteur de façon à n'apercevoir dans la lunette qu'une très faible partie du corps du deuxième télégraphiste aperçu dans la lunette pendant la station précédente.

Si, après avoir balayé le terrain ainsi qu'il vient d'être indiqué, le feu du correspondant n'a pas été vu, le télégraphiste étend le secteur de ses recherches, en faisant quinze ou vingt stations à droite et à gauche de la direction initiale au lieu de vingt.

Dès que le feu du correspondant a été aperçu par l'un ou l'autre des deux télégraphistes, l'établissement de la communication s'achève comme dans l'un des cas précédents (premier ou deuxième).

Cas où les recherches n'ont pas abouti. — Si, après avoir appliqué la méthode de recherches qui vient d'être exposée, le correspondant n'a pas été trouvé, deux cas peuvent se présenter :

1o *L'ordre prescrivant l'installation du poste indique une seconde position à occuper.* — A l'heure fixée, la première position est abandonnée; les télégraphistes se rendent sur la deuxième position et s'efforcent d'établir la communication suivant les règles prescrites.

2o *L'ordre n'indique pas de deuxième position.* — Dans ce cas, l'appareil est pointé à nouveau dans la direction initiale qui était considérée comme la direction approximative du correspondant. Pendant que l'un des télégraphistes, l'œil à la lunette, envoie, dans cette direction, des séries d'appels et plusieurs fois l'indicatif du poste, avec des intervalles de feu fixe, le deuxième se déplace sur la droite, puis sur la gauche de son poste, sur une distance de quelques centaines de mètres; il observe attentivement la zone d'établissement probable du correspondant.

Dès qu'il aperçoit le feu du correspondant, il repère l'emplacement où il se trouve, la direction dans laquelle ce feu est aperçu, puis rejoint l'appareil; les deux télégraphistes viennent ensuite installer leur poste à l'emplacement repéré, et s'efforcent d'établir la communication suivant les règles prescrites.

Enfin, en cas d'insuccès complet, les télégraphistes n'abandonnent toute recherche qu'après l'heure indiquée par l'ordre.

Emploi de certains feux pour signaler l'emplacement d'un poste à son correspondant. — Pendant la nuit, pour attirer l'attention du correspondant, on peut faire usage de certains feux donnant une lumière vive susceptible d'être aperçue de loin. Ils permettent au poste correspondant de s'orienter dans une direction plus précise que la direction approximative obtenue à l'aide de la carte, d'indiquer peut-être l'emplacement exact du poste ou tout au moins de réduire très notablement l'étendue du secteur à balayer et faciliter par conséquent les recherches.

On fait emploi de pistolets signaleurs et de cartouches (1), et éventuellement des moyens de fortune dont on peut disposer.

Pistolets signaleurs. — Le pistolet signaleur est destiné à lancer des fusées ou cartouches.

Le pistolet est en bronze, à percussion centrale; le canon est à bascule autour de la crosse, un verrou manœuvré par une manette rend ces deux pièces solidaires; le chien est muni d'un cran de sûreté et d'un cran de départ, le calibre du canon est de 0 m. 020.

La cartouche a la longueur du canon (0 m. 10); elle contient une composition fusante, blanche ou rouge, agglomérée en une masse compacte qui, lorsqu'on fait usage du pistolet, est lancée à une assez grande hauteur (50 mètres) et brûle en cinq secondes environ.

---

(1) Les sapeurs télégraphistes emploient, en outre, la nuit, pour attirer l'attention du correspondant, des *flambeaux Lamarre,* donnant des feux blancs ou des feux blancs et rouges. Ces flambeaux, tenus à bout de bras ou fixés à un objet quelconque, donnent des *feux fixes.*

Pour faire usage du pistolet :

1° *Charger l'arme*. — Mettre le chien au cran de sûreté, poser le pistolet à plat dans la main gauche, agir sur la manette pour faire agir le verrou, faire basculer le canon, y introduire la cartouche, ramener le chien dans sa position normale de fermeture et agir sur la manette pour fermer le verrou.

2° *Lancer la fusée*. — Amener le chien au cran de départ, élever le pistolet au-dessus de la tête, le canon bien vertical, et presser la détente (1).

Moyens de fortune. — On peut également faire usage de feux de bois sec, de phares d'auto, etc...

ART. 5.

Maintien des communications. — Repérages.

Maintien des communications. — Chaque appareil est desservi par deux télégraphistes et la communication, lorsqu'elle est établie, fonctionne d'après les règles énoncées au chapitre VI.

L'un des télégraphistes manipule et reçoit les signaux à la lunette ; l'autre dicte ou écrit les dépêches, surveille la lampe, le brûleur ou le diaphragme, rectifie le réglage de la flamme ou du tube solaire ; ce dernier se tient : de jour, et en cas d'emploi du soleil, à droite de l'appareil ; de nuit, à gauche de l'appareil, afin d'être éclairé par la flamme.

Ces deux télégraphistes doivent, autant que possible, alterner leurs fonctions.

Lorsque deux postes correspondants n'ont aucun télégramme à transmettre, ils restent à feu fixe et, dans le but de conserver le contact, ils échangent

---

(1) Il est indispensable que la fusée parte verticalement. Avoir soin de ne pas se servir du pistolet dans le voisinage de matières inflammables et *de le mettre au cran de sûreté avant de le décharger.*

Télégraphie optique. 4

fréquemment leur « indicatif », en principe toutes les trente minutes.

Pour maintenir dans les meilleures conditions possibles la communication établie, le chef de poste et les télégraphistes doivent se conformer aux prescriptions suivantes :

Veiller attentivement à ce que le feu du correspondant soit toujours vu au centre du champ de la lunette, en rectifiant le pointage de l'appareil s'il y a lieu.

S'il est fait emploi du pétrole ou de l'acétylène, vérifier de temps en temps la position de la lampe ou du brûleur, et rectifier son réglage s'il y a lieu; veiller à ce que la flamme reste toujours bien brillante, d'un blanc éclatant, non fumeuse et immobile.

S'il est fait emploi de la lumière solaire, rectifier très fréquemment le réglage du tube solaire, et, le cas échéant, du miroir auxiliaire.

Enfin, si l'on utilise l'héliographe de campagne, on aura également soin de maintenir le feu du correspondant au centre de la lunette et de manœuvrer les miroirs aussi fréquemment qu'il sera nécessaire pour que l'image lumineuse donnée par la lentille reste bien sur le centre du disque de réglage.

Le télégraphiste manipulant, qui reçoit les signaux, doit surveiller attentivement dans la lunette l'éclat du feu de son correspondant, surtout s'il est fait emploi de la lumière solaire; *dès qu'il s'aperçoit que cet éclat diminue sensiblement, il doit immédiatement couper ou appeler son correspondant suivant le cas, et lui envoyer le signal « Mauvais feu ».*

Le correspondant doit aussitôt améliorer son feu.

Observation. — Si l'état du ciel ne permet pas d'espérer qu'il puisse être fait usage de la lumière solaire d'une façon continue, le télégraphiste doit préparer la lampe et la placer à proximité de la portière d'entrée; ne la garder allumée, la flamme très basse, que si elle peut être parfaitement abritée du vent.
Mais si les changements de source lumineuse doivent être fréquents, il est préférable d'employer constamment la lampe.

Repérage des directions et des appareils.

Il est utile d'effectuer tout au moins un repérage sommaire de la direction desservie, afin de pouvoir rétablir sans perte de temps la communication, en cas d'accident en ayant causé l'interruption.

Il est nécessaire d'effectuer le repérage exact des directions et des appareils, si l'on prévoit que le poste sera réoccupé par la suite, si le personnel doit en être relevé ou enfin si plusieurs directions doivent être desservies par le même appareil.

Le repérage en direction est le plus important.

Quand l'appareil est à l'extérieur, son emplacement est d'abord reporté aussi exactement que possible sur la carte; la direction est repérée sur le terrain à l'aide d'une ligne de cailloux ou de petits piquets.

Fig. 37.

Le repérage est complété par un croquis, donnant les objets caractéristiques du paysage qui apparaissent dans le champ de la lunette lorsque, l'appareil étant exactement pointé sur correspondant, les pieds d'arrière également écartés, on abaisse lentement l'axe de réception, en agissant sur la branche antérieure du pied (fig. 37) afin de faire varier le pointage en hauteur. Ce croquis est joint à la carte où les emplacements du poste et du correspondant sont indiqués par les extrémités de la droite qui les joint.

Fig. 38.

Si l'emplacement du poste doit être fréquemment occupé par intervalles, il est pratique de repérer l'appareil en fixant la position des pieds au moyen de pierres encastrées dans le sol (fig. 38) les grosses pierres destinées à recevoir les pointes des branches du pied portant une petite cavité repérée par une croix. La pierre dirigée vers le correspondant est accompagnée d'une flèche en pierres plus petites.

Si l'appareil est placé dans une maison ou une baraque, on repère la position du pied par des croix sur le parquet ou par des rondelles percées d'un trou au centre, et clouées. On repère la direction, soit comme dans le premier cas, soit, en cas d'impossibilité, en marquant la trace du faisceau lumineux sur l'ouverture refermée (fenêtre, volet ou porte).

Utilité du repérage. — Le repérage abrège toute mise en station ultérieure, qui se réduit alors aux trois dernières opérations; il permet, soit de pointer l'appareil sur le correspondant, soit, tout au moins, de le pointer dans une direction plus exacte que la direction approximative obtenue au moyen de la carte, et de réduire très notablement le secteur des recherches.

REMARQUE TRÈS IMPORTANTE. — *Toutes les opérations qui font l'objet du présent chapitre, et en particulier celles concernant la* MISE EN STATION (*y compris les réglages*) *et la* RECHERCHE DU CORRESPONDANT *doivent être exécutées par les télégraphistes avec le plus grand soin, dans l'ordre et suivant les méthodes qui viennent d'être prescrits.*

De l'inobservation de ces règles, ou même de négligences dans l'application de l'une d'entre elles, résultent les retards à l'établissement, le mauvais fonctionnement ou même l'insuccès complet des communications optiques, insuccès attribué trop souvent à la nature même de ce genre de communication.

ART. 6.

Ordre prescrivant l'installation du poste.

(Voir annexe n° 4.)

L'ordre qui prescrit l'établissement du poste, et qui

est destiné au chef de poste, doit, autant que possible, contenir les renseignements suivants :

1° Limite de la zone dans laquelle le chef de poste doit choisir l'emplacement favorable pour le poste à installer;

2° Emplacement approximatif du poste correspondant, ou repère en donnant la direction;

3° Indicatifs de chacun des deux postes;

4° Heure à laquelle la recherche du correspondant doit commencer;

5° Nombre et couleur des fusées (blanches ou rouges) à employer s'il y a lieu;

6° Nature des stations (longues ou courtes) à effectuer par chacun des deux postes pendant les recherches;

7° Heure à laquelle les recherches seront abandonnées, en cas d'insuccès. Nouveaux emplacements occupés par le poste et son correspondant; heures auxquelles commencera la recherche du correspondant aux nouveaux emplacements. Nombre et couleur des fusées à employer à nouveau, s'il y a lieu;

8° Heure-limite à partir de laquelle les recherches pourront être abandonnées définitivement;

9° Mode de liaison entre le poste et les autorités militaires voisines à desservir (téléphone, plantons, bicyclistes);

10° S'il y a lieu, effectif du poste en télégraphistes et hommes de supplément;

11° Mode de subsistance du personnel, et de ravitaillement, s'il y a lieu.

Cet ordre accompagne les documents qui constituent les archives du poste.

CHAPITRE VI.

RÈGLES DE SERVICE SPÉCIALES

AUX COMMUNICATIONS OPTIQUES.

———

ARTICLE PREMIER.

Dispositions générales.

Définitions. — On appelle *poste optique*, l'ensemble des appareils permettant de transmettre ou de recevoir des *télégrammes optiques.*

Par extension, le nom de *poste* est aussi donné à l'endroit où les appareils sont installés.

Un *réseau* est l'ensemble des postes (1) relevant d'une même autorité.

La personne qui envoie un télégramme est appelée *expéditeur.*

La personne à laquelle le télégramme est adressé est appelée *destinataire.*

Le poste dans lequel le télégramme est déposé par l'expéditeur est appelé *poste de départ.*

Le poste qui fait remettre le télégramme au destinataire est appelé *poste d'arrivée.*

Lorsque la transmission du poste de départ au poste d'arrivée se fait par l'intermédiaire d'un ou plusieurs postes qui reçoivent le télégramme sur un appareil et le réexpédient à l'aide d'un autre appareil (optique ou téléphonique), chacun de ces postes intermédiaires s'appelle *poste de transit.*

Chaque poste est désigné par son nom ou par un

———

(1) Optiques et téléphoniques, ou optiques seulement.

indicatif (1) formé par une ou plusieurs lettres (en général, les premières lettres du nom du poste).

Un même télégramme est dénommé :

Télégramme de départ, dans le poste de départ;

Télégramme d'arrivée, dans le poste d'arrivée;

Télégramme de transit, dans le poste de transit (s'il y a lieu).

Nature des télégrammes. — Les télégrammes sont classés d'après leur nature en :

Télégrammes officiels;

Télégrammes de service (2).

Les télégrammes sont dits *officiels* lorsqu'ils sont échangés par des officiers ou des fonctionnaires pour le service de l'Etat ou le service de la troupe.

Les télégrammes sont dits *de service*, lorsqu'ils sont échangés par le personnel du service pour signaler tous les incidents concernant ce service, aussi bien au point de vue technique qu'à celui de la discipline et de l'administration du personnel.

Classement des télégrammes. — Les télégrammes de service dont l'envoi immédiat est indispensable pour la bonne exécution des transmissions, sont revêtus par leur expéditeur de la mention « *Extrême urgence* » (3) et sont expédiés immédiatement sous sa responsabilité.

---

(1) L'indicatif doit être choisi de façon à ne pas créer de confusion avec les abréviations d'usage courant (O, A, SS, MD, etc.).

On peut, par contre, choisir des chiffres.

Les indicatifs ne peuvent jamais remplacer les noms des localités dans le texte ou dans l'adresse d'un télégramme.

(2) En temps de paix et exceptionnellement en temps de guerre, des télégrammes, dits « télégrammes d'exercices », peuvent être transmis. Ils sont destinés à compléter et à perfectionner l'instruction du personnel.

(3) Les mentions : « Extrême urgence » et « Priorité » se placent avant l'adresse du télégramme.

Les télégrammes officiels importants ou urgents sont revêtus par leur expéditeur de la mention « *Priorité* » (1).

Les télégrammes peuvent donc être divisés en quatre classes :

1° Télégrammes de service, avec mention « Extrème urgence »;

2° Télégrammes officiels, avec mention « Priorité »;

3° Télégrammes officiels, sans mention;

4°. Télégrammes de service, sans mention.

Règles de transmission des télégrammes (2). — La transmission ou la réception d'un télégramme d'une classe quelconque est *arrêtée* lorsqu'il est apporté au poste un télégramme d'une classe supérieure, et ce dernier est transmis immédiatement. La transmission arrêtée est reprise ensuite.

Lorsque plusieurs télégrammes sont déposés dans un poste, le chef de poste les fait transmettre dans l'ordre des classes en observant que :

a) Les « *service extrème urgence* » passent avant les « *officiel priorité* »;

b) Les « *officiel sans mention* » passent avant les « *service sans mention* »;

c) Lorsque deux télégrammes sont de même classe et de même nature, c'est l'ordre des heures de dépôt qui fixe l'ordre de transmission.

Lorsque deux postes ont plusieurs télégrammes à échanger, ils observent l'*alternat*, c'est-à-dire qu'ils passent un télégramme chacun leur tour, en ayant

_____

(1) Les mentions « Extrème urgence » et « Priorité » se placent avant l'adresse du télégramme.
(2) Les télégrammes d'exercice ne sont transmis qu'en l'absence de télégrammes officiels ou de service; leur transmission ou leur réception est interrompue dès qu'un de ces télégrammes est déposé dans le poste.

soin toutefois d'épuiser complètement une classe avant de passer à la suivante.

Dans les postes de transit, les télégrammes sont réexpédiés dans l'ordre de leur réception.

Toutefois, si des télégrammes sont déposés dans un de ces postes, les règles précédentes relatives à la priorité et à l'alternat dans la transmission sont observées.

Composition des télégrammes. — Un télégramme se compose de quatre parties :

1° Le préambule, établi par le personnel du poste de départ;

2° L'adresse;

3° Le texte;　} rédigés par l'expéditeur.

4° La signature;　}

Le *préambule* constitue le *signalement du télégramme.*

Il a la forme suivante :

(1), (2) de (3) NR (4) W (5) le (6) à (7) h.

dans laquelle :

(1) représente l'indication abrégée de la nature du télégramme :

☐O☐ pour officiel;

☐A☐ pour service (1);

(2) Nom ou indicatif du poste d'arrivée (2);

De (3) Nom ou indicatif du poste de départ;

NR (4) N° d'enregistrement du télégramme (celui du

---

(1) ☐E☐ pour exercice.
(2) Lorsque le télégramme est adressé à plusieurs destinataires desservis par des postes différents, le préambule reçoit l'indication des différents postes destinataires. Lorsque le télégramme est adressé à tous les postes du réseau, cette indication est remplacée par « *tous postes* ».

feuillet du carnet de départ.) [Voir article 2 du présent chapitre.]

W (5) Nombre de mots (adresse et texte);

Le (6) à (7) La date et l'heure du dépôt du télégramme. (La date est indiquée par deux nombres : le premier indiquant le jour du mois; le second, le numéro du mois dans l'année. L'heure est comptée de 0 à 24, de minuit à minuit).

L'*adresse* comprend :

1° La qualité de l'expéditeur et son adresse, *s'il y a lieu;*

2° La qualité et l'adresse du destinataire (1).

L'*adresse* doit être aussi simple que possible, mais suffisante pour éviter toute erreur. Elle ne doit contenir que les titres et indications indispensables pour désigner l'expéditeur et le destinataire et pour assurer la remise des télégrammes.

L'adresse est précédée, s'il y a lieu, de la mention de *priorité* (officiels) ou d'*extrême urgence* (service) ou encore de la mention *TC*, qui indique que le télégramme est à collationner intégralement. Cette dernière mention est placée par l'expéditeur; elle peut aussi être placée par le chef de poste.

Texte. — On emploie, pour rédiger les télégrammes :

1° Le langage ordinaire ou langage clair;

2° Le langage chiffré;

3° La combinaison du langage clair et du langage chiffré.

Un télégramme en langage clair est un télégramme rédigé exclusivement en français et offrant un sens compréhensible.

_____

(1) Un télégramme peut être adressé à plusieurs autorités desservies par un même poste; dans ce cas, l'adresse doit porter la qualité et l'adresse de chaque destinataire.

Un télégramme en langage chiffré est un télégramme composé de groupes de cinq chiffres arabes (1) ayant une signification cachée pour le personnel télégraphiste (2). Les groupes sont séparés les uns des autres par le même intervalle que les mots dans un texte quelconque. En général, le nombre de groupes est indiqué *en tête du texte* par l'expéditeur.

Dans un télégramme partie en langage clair et partie en langage chiffré, les passages chiffrés doivent être séparés des passages en clair par des parenthèses placées par l'expéditeur lui-même.

Tout télégramme doit être signé par l'expéditeur ou par une personne ayant sa signature.

Toutefois, la signature n'est pas transmise, l'expéditeur étant suffisamment désigné dans l'adresse.

Prescriptions particulières. — Il est recommandé aux expéditeurs de télégrammes en langage clair :

1° D'employer le style télégraphique, c'est-à-dire un français compréhensible, mais débarrassé de tous les mots inutiles;

2° De n'employer que des abréviations compréhensibles pour le personnel télégraphique; d'éviter les abréviations de la forme « b^{ons} » (pour bataillons) et « 1° » qui peuvent être transformés sur un télégramme d'arrivée en « bons » et « 10 ».

Les abréviations usitées en télégraphie font l'objet de l'annexe n° 6;

3° D'éviter les signaux ou caractères intraduisibles en Morse, tels que :

Accolade;

a^2;

b);

---

(1) A l'exclusion de tout autre caractère.
(2) Ne pas confondre ces groupes de cinq chiffres du langage chiffré avec les nombres que peut contenir un télégramme en langage clair.

4° D'éviter, de même, les dispositifs en tableaux;

5° De ne pas présenter de télégrammes au texte trop long. Il y a intérêt à ne pas dépasser cinquante mots par télégramme.

Il est formellement interdit au personnel télégraphiste :

1° D'écrire des télégrammes sous la dictée;

2° De modifier l'adresse ou le texte d'un télégramme (1);

3° De communiquer le contenu des carnets de télégrammes ou de délivrer des copies de télégrammes à qui que ce soit, sauf à l'autorité dont dépend le poste;

4° De tolérer les stationnements, aux abords du poste, de personnes étrangères au service.

ART. 2.

Devoirs du chef de poste.

Dispositions générales. — Un poste est en état de fonctionner :

1° Si les communications sont réellement établies;

2° Si le poste contient tout le matériel et toutes les instructions nécessaires à l'exploitation régulière.

Ces instructions sont :

a) Les consignes générales du réseau;

Le croquis du réseau;

La liste des indicatifs des postes du réseau.

b) Les consignes particulières du poste.

---

(1) En particulier, les abréviations doivent être transmises *sans modifications*, les mots abrégés ne doivent pas être rétablis dans leur entier.

c) Un carnet de télégrammes optiques (Départ).

Un carnet de télégrammes optiques (Arrivée ou transit).

Un procès-verbal.

} Dans chaque poste et pour chaque appareil optique.

d) Un coupon de la carte au 80.000ᵉ (si possible).

a) Les consignes générales indiquent les conditions d'exploitation du réseau.

Le croquis permet au chef de poste de diriger sans erreur les télégrammes vers le poste d'arrivée par le moyen le plus direct.

La liste des indicatifs est destinée à la simplification des noms des postes dans les préambules et les procès-verbaux.

b) Les consignes particulières du poste indiquent les conditions d'exploitation du poste, et, en particulier, les qualités et adresses des autorités desservies par le poste.

c) Le carnet de télégrammes optiques (1) (Départ) est destiné à recevoir les *télégrammes de départ*; le carnet de télégrammes optiques (2) (Arrivée ou transit) est destiné à l'inscription des *télégrammes d'arrivée*.

---

(1) Pendant la durée de sa mise en service, chaque carnet est placé dans une couverture cartonnée mobile à laquelle est attaché, par une ficelle, un crayon gras pour l'inscription des télégrammes et une poche intérieure contenant du papier à décalquer.

Un carnet, une fois terminé, est retiré de sa couverture mobile et attaché, au moyen d'une ficelle croisée, de manière que les documents renfermés à l'intérieur ne puissent s'égarer.

(2) Pendant la durée de sa mise en service, chaque carnet est placé dans une couverture cartonnée mobile à laquelle est attaché, par une ficelle, un crayon gras pour l'inscription des télégrammes et une poche intérieure contenant du papier à décalquer.

Un carnet, une fois terminé, est retiré de sa couverture mobile et attaché, au moyen d'une ficelle croisée, de manière que les documents renfermés à l'intérieur ne puissent s'égarer.

Ces carnets ont exactement la même contexture que les carnets de messages téléphonés étudiés à l'Instruction relative au service téléphonique dans les corps de troupe d'infanterie, chapitre IV, article Ier, et annexe 3, modèles 3, 4 et 4 *bis*.

Le *procès-verbal* (1) est conforme au modèle 5, annexe 5. Il est destiné à recevoir la trace des télégrammes échangés par les postes, ainsi que tous les incidents du service. Il est signé par le chef de poste prenant le service.

d) Le coupon de la carte au 1/80.000 porte, en particulier, l'emplacement du poste et les emplacements approximatifs des postes optiques correspondants, ainsi que les emplacements sur lesquels les postes optiques doivent se replier le cas échéant.

Le chef de poste est responsable de l'exécution du service; il est également responsable de la bonne tenue et de la conservation des carnets et procès-verbaux, ainsi que du matériel technique.

Les archives constituent de précieux renseignements pour l'ennemi, si elles venaient à tomber entre ses mains; le chef de poste doit fréquemment s'assurer de leur existence. S'il constate la disparition de l'une d'elles, il doit en rendre immédiatement compte au Lieutenant chef du service.

Dès que son poste est installé et que les communications fonctionnent, le chef de poste en rend compte :

1° A son chef hiérarchique;

2° A l'autorité (2) que son poste doit desservir et à

_____

(1) Si le trafic de l'appareil est peu important, le même procès-verbal *peut* contenir les renseignements relatifs à plusieurs journées. Dans ce cas, celles-ci, comptées de minuit à minuit, s'il s'agit d'un service de plusieurs jours consécutifs, sont séparées par un trait.

(2) Ou aux autorités.

laquelle il demande, s'il y a lieu (1), les plantons nécessaires pour la remise des télégrammes.

Il leur fait en même temps connaître son emplacement exact.

Transmission des télégrammes. — Lorsqu'un officier se présente au poste pour rédiger un télégramme, le chef de poste lui remet le carnet de télégrammes (Départ) ouvert à la première page libre.

Le télégramme rédigé et signé (2), le chef de poste le lit d'abord rapidement pour s'assurer qu'il est bien lisible.

Puis il examine successivement :

L'adresse qui doit être suffisante pour faire parvenir le télégramme à destination;

Le *texte* qui ne doit comporter ni surcharges, ni interlignes, ni renvois, ni ratures non approuvées par l'expéditeur ou son suppléant;

La *signature* qui doit toujours exister.

Il fait rectifier les points défectueux, remplit le reçu du feuillet de départ, le donne à l'expéditeur, porte dans le préambule la *date* et *l'heure du dépôt* (comptée de 0 à 24) et remet le carnet au télégraphiste chargé de la transmission (3).

Si le télégramme, rédigé à l'avance, est apporté au poste par un planton, le chef de poste examine le

---

(1) Le chef d'un poste télégraphique n'est pas, en principe, chargé d'assurer avec son personnel la remise des télégrammes aux destinataires. Chacune des autorités desservies par le poste doit, en conséquence, établir sa liaison avec lui par plantons, estafettes, vélocipédistes, etc.

(2) Si le télégramme ne peut tenir sur le verso d'un seul feuillet, on emploie le feuillet suivant, sur lequel on porte, en haut, l'indication « Suite »; mais il n'est établi qu'un reçu et qu'un préambule.

(3) En lui indiquant l'ordre de transmission si plusieurs télégrammes sont déposés au poste.

télégramme et procède comme il est dit ci-dessus (1). Cependant, si le télégramme présente des défectuosités, le chef de poste approuve lui-même les surcharges et ratures, ou bien, il rend le télégramme au planton après avoir indiqué par écrit les rectifications à faire pour qu'il puisse l'accepter.

Si la difficulté ou l'importance du texte d'un télégramme en langage clair lui paraissent justifier un collationnement intégral, il met lui-même la mention T. C. en tête de l'adresse.

Le chef de poste ne perd pas de vue que, par le fait qu'il accepte un télégramme, il se porte garant de son authenticité vis-à-vis du destinataire.

Annulation. — Tout télégramme peut être retiré par l'expéditeur, tant qu'il n'est pas transmis; l'avis d'annulation signé par l'expéditeur est collé ou épinglé par le chef de poste sur la souche du carnet de télégramme (Départ).

Si la transmission a eu lieu, l'expéditeur rédige un deuxième télégramme pour annuler le premier.

Non-acceptation. — Lorsqu'un télégramme ne peut être transmis pour un motif quelconque (adresse insuffisante, poste correspondant fermé, clôture), la minute est rendue à l'expéditeur. Le motif de la non-acceptation est mentionné sur cette minute par le chef de poste.

Réception et remise des télégrammes. — Lorsqu'un chef de poste est prévenu par le télégraphiste qu'un télégramme vient d'arriver, il prend le premier feuillet sur lequel le télégraphiste a écrit ce télégramme et s'assure, si le télégramme est en langage clair, que le texte est compréhensible. Il fait ensuite signer le

----

(1) La minute du télégramme est immédiatement collée ou épinglée sur la souche du feuillet du carnet de télégrammes (Départ).

planton (1) sur le deuxième feuillet (2) sur lequel le texte a été reproduit grâce au papier à décalquer, et lui remet le télégramme dans une enveloppe fermée (3), sur laquelle il a mis l'adresse, l'heure de la remise au planton (1) chargé du feuillet du carnet de télégrammes. (Arrivée) (4).

Quand le planton lui rapporte l'enveloppe sur laquelle le destinataire a émargé en indiquant l'heure à laquelle il a reçu le télégramme, il colle ou épingle l'enveloppe, qui sert de reçu, dans le carnet de télégrammes (Arrivée), au feuillet correspondant.

Avis de non-remise. — Si le planton n'a pu trouver le destinataire, il rapporte le télégramme, et le chef du poste d'arrivée envoie au poste de départ un *avis de non-remise*, sous la forme d'un télégramme de service et rédigé comme l'indique l'exemple ci-dessous :

A, N R 18, cote 305 de Thoury — Non remis — destinataire absent (ou parti sur tel point, etc.).

Le chef du poste de départ recherche sur son carnet de télégrammes (Départ) le télégramme qui lui est ainsi signalé et adresse à l'expéditeur un avis ainsi libellé :

« Avis de non-remise ».

« Le télégramme adressé par......, à......, à...... heures, et prescrivant......, n'a pu être remis au destinataire absent (ou parti sur tel point, etc.) ».

---

(1) Chargé de la remise du télégramme.

(2) Du carnet de télégrammes (Arrivée) à l'emplacement réservé à cet effet.

(3) Du modèle indiqué pour la transmission des ordres par le règlement sur le service de l'infanterie en campagne.

(4) Dans un poste de transit, le chef de poste signe à la place du planton sur le deuxième feuillet du carnet de télégrammes (Arrivée) et remet le premier feuillet au poste de la direction sur laquelle le télégramme doit être réexpédié.

Cet avis, rédigé sur la feuille du carnet de télégrammes (Arrivée), où il a inscrit le télégramme de service
l'avisant de la non-remise, est mis sous enveloppe
comme un télégramme. Sa rédaction doit être assez
claire pour que l'expéditeur sache exactement de quel
télégramme il s'agit.

Le chef d'un poste avancé reçoit toujours de l'officier chef du service des instructions lui précisant la
conduite à tenir en cas de menaces ou d'attaque de
son poste par l'ennemi, et, en particulier, le point sur
lequel il doit, le cas échéant, se retirer.

Il devra donc toujours se tenir prêt à replier son
poste et à établir rapidement les nouvelles communications qui auront pu lui être indiquées.

Toutefois, si, devant une menace pressante de l'ennemi, le chef de poste ne peut se retirer progressivement, il se porte sur le point de retraite assigné, en
emportant ce qu'il peut des archives et du matériel et
en mettant le reste hors de service.

Tout chef de poste ne doit pas oublier que, s'il se
trouve dans l'impossibilité absolue de sauver son
poste, il ne doit pas l'abandonner avant de l'avoir
rendu inutilisable par l'ennemi, d'abord en brûlant les
archives, puis en brisant le matériel technique.

Fermeture. — Lorsqu'un poste est en communication avec un autre poste, il ne pourra être replié (sauf
dans le cas de force majeure) qu'après en avoir avisé
le poste correspondant et avoir reçu de ce poste l'as-
surance qu'il n'a plus rien à lui transmettre.

ART. 3.

Devoirs du télégraphiste.

Transmission des télégrammes. — Le télégraphiste
reçoit le carnet de télégrammes (Départ) du chef de
poste, après que celui-ci a porté, dans le préambule,
la date et l'heure du dépôt du télégramme.

Il complète alors le préambule de la façon suivante (1) :

1° Indication de service (2). { $\boxed{O}$ pour « Officiel ».
{ $\boxed{A}$ pour « Service ».

2° Le poste d'arrivée ━━ est indiqué dans l'adresse.

3° Le poste de départ ━━ est celui où il se trouve.

4° Le numéro est celui du feuillet du carnet de télégrammes (Départ). Si le télégramme a été revêtu d'un numéro d'ordre par l'expéditeur, ce numéro est transmis dans le texte.

5° Le compte de mots sert à vérifier si *tous les mots* d'un télégramme ont été transmis.

Le nombre de mots de tout télégramme se compose des mots :

1° De l'adresse;

2° Du texte (3).

Ce nombre est indiqué dans le préambule par la lettre W. Le compte de mots se fait d'après les règles suivantes :

Langage clair. — Les signes de ponctuation, traits d'union, apostrophes, alinéas, sont transmis, mais ne sont pas comptés.

---

(1) Dans un poste de transit, le télégramme provenant du carnet de télégrammes (Arrivée) et devant être transmis plus loin ou dans une autre direction, est remis au télégraphiste (ou au téléphoniste s'il s'agit d'un poste téléphonique) du poste affecté à cette nouvelle direction. Ce télégraphiste (ou téléphoniste) le colle ou l'épingle sur son carnet de télégrammes (ou de messages) [Départ], et le transmet ensuite sans modifier le préambule.

(2) $\boxed{E}$ pour « Exercice ».

(3) Les mentions « priorité » et « extrême urgence » sont comprises dans le compte de mots.

1º *Noms communs.* — Comptent pour *un mot :*

a. Les mots simples :

Armée, vivres, le, l', une, d', du;

b. Les mots composés proprement dits figurant dans la grammaire ou dans le dictionnaire de l'Académie, c'est-à-dire formés de mots simples *réunis par des traits d'union ou des apostrophes :*

Eau-de-vie, grand'garde, aujourd'hui, lieutenant-colonel, Nord-Est, demi-heure, au-dessus, vis-à-vis, dix-huit, soixante-dix.

2º *Noms propres.* — Mêmes règles que pour les noms communs.

3º *Chiffres.* — Les groupes de chiffres comptent pour autant de mots qu'ils contiennent de fois *cinq* caractères, plus un mot pour les caractères restants.

Comptent pour un chiffre :

a) Les points, virgules, barres de fractions, ... entrant dans la formation des groupes;

b) Chacune des lettres ajoutées aux chiffres pour désigner les nombres ordinaux.

Ainsi :				
1254.	4 caractères, soit	1 mot.
12545.	5	—	—	1 —
1254,65	7	—	—	2 —
182,2/24	8	—	—	2 —
18 : 21	5	—	—	1 —
125ᵗᵉᵐᵉ	7	—	—	2 —
0/0	3	—	—	1 —
14 0/00	6	—	—	2 —

4º *Indications particulières.* — Chacune des indications suivantes compte pour un mot :

T C. Collationnement.

Le souligné.

La parenthèse (l'ensemble des deux signes servant à la former).

Les guillemets (l'ensemble des signes placés au commencement ou à la fin d'un seul et même passage).

Tout caractère isolé (lettre ou chiffre).

Paris	2 mots.
(Versailles).	2 —
« Mont-Valérien ».	2 —
2 F.	2 —
3 h. 55.	3 —

Langage chiffré. — La règle précédente relative aux groupes de chiffres s'applique aux groupes du langage chiffré.

Chacun de ces groupes se composant de 5 chiffres compte ainsi pour *un mot.*

Le nombre de mots d'un télégramme, rédigé soit uniquement en langage chiffré, soit partie en langage clair et partie en langage chiffré, est indiqué par une fraction dont le numérateur est le nombre de mots en clair, et le dénominateur celui en chiffré.

Le nombre de mots en langage clair, comprend les mots :

1º de l'adresse;

2º de l'indication du nombre des groupes, inscrit en tête du texte;

3º des parties en clair du texte, s'il y en a.

Le nombre de mots en langage chiffré comprend :

1º les parenthèses séparant les parties en chiffré de celles en clair;

2º les groupes de chiffres.

Le télégraphiste ayant rempli les indications du préambule, appelle alors son correspondant et lui transmet le télégramme suivant les règles formulées plus loin.

La date n'est pas transmise si le télégramme est envoyé le jour même du dépôt. La signature n'est jamais transmise.

Le télégraphiste reçoit ensuite le collationnement et fait les rectifications, s'il y a lieu.

Sitôt la transmission terminée, y compris le collationnement, le télégraphiste porte en haut de la souche :

Les indications de service;

Le nom de son poste;

Le nom du poste auquel le télégramme a été transmis *directement;*

La date et l'heure de la fin de la transmission.

Réception des télégrammes. — Le télégraphiste qui reçoit un télégramme doit l'écrire *proprement et lisiblement* sur le premier des deux feuillets du carnet de télégrammes (Arrivée) qui portent le même numéro, après avoir placé entre les deux feuillets une feuille de papier à décalquer.

Il a soin d'éviter les surcharges et les ratures, car c'est le feuillet sur lequel il écrit qui doit être remis au destinataire (1).

Il collationne ensuite le télégramme, partiellement ou intégralement suivant le cas.

Le collationnement partiel consiste dans la vérification du compte de mots, et la répétition des mots importants ou douteux, des noms propres, des nombres, etc. Il s'applique aux *télégrammes proprement dits,* écrits en langage clair, et ne portant pas la mention T. C.

Le collationnement intégral s'applique à tous les autres télégrammes. Il consiste dans la répétition intégrale du télégramme.

---

(1) Si le texte du télégramme ne peut tenir sur le recto d'un seul feuillet, on emploie le premier feuillet du numéro suivant sur lequel on porte en haut l'indication « Suite ».

Le collationnement terminé, et les erreurs rectifiées, s'il y a lieu, le télégraphiste porte en haut du feuillet, les indications suivantes :

Nom de son poste.

Nom du poste duquel il reçoit directement le télégramme.

La date et l'heure de la fin de la réception.

Puis il détache le premier feuillet, y met son nom à l'emplacement réservé et le remet au chef de poste qui opère comme il a été dit plus haut.

Il remplit ensuite le procès-verbal.

ART. 4.

Règles de transmission particulières à certains cas.

Les règles précédemment exposées doivent être très exactement observées dans toutes les communications des postes optiques d'infanterie avec les postes optiques de sapeurs télégraphistes et de cavaliers télégraphistes.

Dans le cas d'une ligne mixte (téléphonique-optique), présentant, par conséquent, un poste de transit composé d'un appareil téléphonique et d'un appareil optique, la transmission se fait de la manière suivante :

a) L'expéditeur est placé au bout de la ligne téléphonique. Il écrit un message conformément aux prescriptions de l'instruction relative au Service téléphonique dans les corps de troupe d'infanterie (chapitre IV) et le remet ou le fait remettre au poste téléphonique de départ qui le transmet à son correspondant. Celui-ci, après s'être conformé aux prescriptions du chapitre susvisé, remet le message au chef du poste optique placé auprès de lui. Le personnel de ce poste optique établit le préambule, comme si le chef du poste téléphonique lui remettait un télégramme à transmettre en observant toutefois d'inscrire l'heure du dépôt donnée par le poste téléphonique de départ, puis il transmet à son correspondant le télégramme ainsi complété.

b) Inversement, l'expéditeur est placé au bout de la ligne optique. Le télégramme est transmis au poste de transit d'après les règles énoncées plus haut. Le poste optique qui le reçoit le remet au poste téléphonique placé auprès de lui. Ce poste téléphonique transmet, sous forme de message, ce télégramme, *intégralement*, préambule compris, au téléphoniste du poste d'arrivée qui l'inscrira *intégralement*.

Lorsque les communications établies relient entre elles des unités d'un même corps de troupe, et que la ligne est telle qu'il ne puisse y avoir de doute sur l'identité des deux autorités reliées, dans le but d'accélérer les communications, et de rendre ainsi plus intime la liaison entre les unités et le commandement, on simplifiera, dans une mesure à déterminer dans chaque cas, les règles à observer en ce qui concerne le préambule et l'adresse.

Par exemple : un chef de bataillon, relié optiquement avec un de ses commandants de compagnie, pourra lui poser des questions, en recevoir des réponses, etc., sans qu'il soit nécessaire ou même utile de faire précéder le texte à transmettre, de préambule ou d'adresse. Toutefois, l'indication de l'*heure* et du *lieu* où le télégramme (renseignement ou ordre) *a été écrit* doit toujours exister.

De plus, il est indispensable, après chaque communication optique, même simplifiée comme il est dit ci-dessus, de collationner le nombre de mots, afin d'éviter les erreurs provenant d'un mot oublié ou d'un mot ajouté (I).

---

(1) A moins cependant que l'expéditeur ne surveille lui-même l'envoi de son télégramme et ne constate qu'il est transmis fidèlement.

ART. 5.

Règles de service.

Service des appareils optiques. — Les signaux employés en télégraphie optique sont les signaux Morse composés de traits et de points qui, d'après leur espacement ou leur groupement, représentent des lettres, des chiffres ou des signes de ponctuation.

Ces signaux sont donnés à l'annexe 3.

Deux télégraphistes sont nécessaires au service d'un appareil optique :

L'un, le *manipulant*, transmet ou reçoit le télégramme;

L'autre, l'*aide-manipulant*, dicte ou inscrit le télégramme tout en surveillant le feu de l'appareil.

Ces deux télégraphistes doivent, du reste, alterner dans leurs fonctions.

En position d'attente, les deux postes sont à feu fixe; dans chacun d'eux un télégraphiste veille à la lunette.

Manipulation. — On produit les signaux Morse en envoyant dans la direction du correspondant des éclats lumineux de durée courte ou longue (1).

La vitesse de manipulation doit être lente, surtout lorsque la ligne est longue ou le temps défavorable.

Une manipulation lente évite les erreurs, les malentendus, les répétitions, qui, en causant toujours des pertes de temps considérables, diminuent la rapidité dans l'échange des télégrammes.

---

(1) Il est rappelé que :

Un éclat de courte durée donne *un point*, un éclat de durée longue donne *un trait.*

Le *trait* est égal en longueur à *quatre points.*

L'intervalle *entre les points et les traits* d'un signal est de *un point.*

L'intervalle *entre les lettres* d'un même mot ou les chiffres d'un même groupe est de *quatre points.*

Transmission. — Le télégraphiste-manipulant manipule en maintenant son œil à la lunette. L'aide-manipulant lit d'abord le mot, puis le dicte *lettre par lettre* au manipulant.

Le manipulant du poste de départ, pour transmettre un télégramme, fait des appels :

jusqu'à ce que le correspondant lui envoie le signal :

■■■■ • • • • ■■■ (invitation à transmettre),

et masque son feu.

Il commence aussitôt la transmission du télégramme : le préambule, l'adresse et le texte.

Entre chacune des parties du télégramme est transmis le signal :

■■■ ■ • • ■■■ (séparation).

Les indications éventuelles, « priorité », « extrême urgence », « T. C. », faisant partie intégrale de l'adresse, n'en sont pas séparées par le signal de séparation.

La transmission d'un mot étant terminée, avant de commencer celle du mot suivant, le manipulant attend que le correspondant lui ait envoyé *le point*, c'est-à-dire un éclat lumineux court. Au reçu de ce signal, il dit « point », et l'aide-manipulant lui lit le mot suivant, puis lui dicte lettre par lettre.

La fin de transmission du télégramme est indiquée par le signal :

■ ■■■ ■ ■■■ ■ (fin de transmission).

Les deux postes se mettent à feu fixe.

Incidents pendant les transmissions. — Pendant la transmission, les particularités suivantes peuvent se présenter au télégraphiste-manipulant du poste de départ :

1° Le manipulant commet une erreur.

Il envoie aussitôt le signal :

• • • • • • • • (erreur, au moins sept points).

Il retransmet le mot mal transmis et continue la transmission.

2° Le manipulant aperçoit que son correspondant le coupe, puis masque son feu (cela signifie que son correspondant n'a pas saisi une lettre).

Le manipulant arrête immédiatement la transmission en disant à son aide : « coupé ».

Il recommence la transmission du *mot coupé*, que l'aide manipulant lui dicte à nouveau.

3° Le manipulant aperçoit que son correspondant le coupe, puis lui envoie « attente » ou « MD ».

Il arrête immédiatement la transmission en disant à son aide : « coupé », « attente » ou « MD », et opère comme il est dit ci-dessous.

4° Le manipulant reçoit un télégramme urgent à transmettre.

Il coupe sa transmission par un éclat lumineux prolongé et envoie le signal :

．━━ ．．． (attente),

et motive l'attente en envoyant :

．━━ ． ━━ ． ━━ ．． (RDD, signifiant : recevez té-légramme urgent).

Le correspondant répond par le signal :

━━ ．．．━━ ． (invitation à transmettre).

Le manipulant transmet alors son télégramme urgent et en reçoit le collationnement dont la fin est indiquée par le signal :

．━━ ．━━ ． (fin de transmission).

Pour reprendre la transmission du télégramme interrompu, le manipulant du poste de départ appelle son correspondant :

．━━ ．━━ ．━━ ．．━━ (appel).

Celui-ci répond par le signal :

━━ ．．．．━━ ． (invitation à transmettre).

Le manipulant reprend alors la transmission au *mot qu'il a coupé.*

Remarque. — Après la transmission d'un mot, si le correspondant oublie d'envoyer le point, le manipulant le lui demande en faisant lui-même le point, jusqu'à ce que le correspondant ait compris.

Réception. — Le télégraphiste manipulant du poste d'arrivée lit les signaux à l'œil nu ou à la lunette, suivant la longueur de la ligne, l'état de l'atmosphère, la nature des feux.

En recevant le télégramme, il le dicte lettre par lettre à l'aide-manipulant, qui l'inscrit au fur et à mesure sur le carnet d'arrivée.

Le manipulant du poste d'arrivée, sitôt appelé, envoie le signal :

▬ ▪ ▪ ▪ ▬ ▪   (invitation à transmettre),

et masque son feu.

Après chaque mot reçu, le manipulant donne le « point » en envoyant un éclat lumineux court, et dit à son aide « fin de mot ». Il s'aperçoit de la fin de la transmission d'un mot à ce que son *correspondant n'envoie plus rien.*

Incidents pendant les réceptions. — Pendant la réception du télégramme, les particularités suivantes peuvent se présenter au télégraphiste-manipulant du poste d'arrivée.

1° Les signaux ne sont plus visibles.

Le manipulant coupe par un éclat prolongé en disant « je coupe » et envoie à son correspondant le signal :

▪ ▪ ▪ ▪ ▪ ▪ ▪ ▪ ▪ ▪ ▪

(Série de points signifiant mauvais feu.)

Celui-ci vérifie le réglage de sa lampe, rectifie sa direction, essuie les verres de son appareil.

Pendant ce temps, le manipulant observe attenlivement le feu du correspondant, et lui indique ses variations en envoyant :

Soit des points de plus en plus précipités, signifiant que le feu devient de plus en plus mauvais;

Soit des points de plus en plus lents, signifiant que le feu s'améliore.

Dès que la transmission peut reprendre, le manipulant envoie le signal :

▬ ▬ • • • ▬ ▬ • (invitation à transmettre).

Le correspondant reprend la transmission au *mot coupé;*

2° Le manipulant n'a pas saisi une lettre.

Sans chercher à deviner la lettre, le manipulant coupe aussitôt en disant « je coupe », puis masque son feu.

Le correspondant reprend la transmission au *mot coupé;*

3° Le manipulant ne peut plus lire les signaux, son correspondant manipulant trop vite.

Il coupe aussitôt et envoie le signal :

▬ ▬ ▬ • • (MD signifiant manipulez doucement), puis le signal :

▬ ▬ • • • ▬ ▬ ▼ (invitation à transmettre, signifiant continuez la transmission).

Le correspondant répond par le signal :

• • • ▬ • (compris)

et reprend la transmission au *mot coupé;*

4° La lampe du manipulant va s'éteindre faute de pétrole.

Le manipulant coupe et envoie le signal « attente » en le motivant :

• ▬ ▬ • • • (pétrole).

4

— 124 —

Le correspondant répond par le signal :

··· — · (compris)

et se met à feu fixe.

Lorsque la lampe fonctionne et permet de recevoir à nouveau, le manipulant fait des appels :

jusqu'à ce que le correspondant lui envoie :

— ··· — · (invitation à transmettre).

Le manipulant répond par le signal :

— ··· — · (invitation à transmettre, signifiant continuez la transmission).

Le correspondant reprend la transmission au *mot coupé;*

5° Le manipulant reçoit un télégramme urgent à transmettre.

Il coupe et envoie à son correspondant le signal :

· — ··· (attente)

et motive l'attente en envoyant :

· — · — ·· — ·· (RDD, signifiant : Recevez télégramme urgent).

Le correspondant répond par le signal :

— ··· — · (invitation à transmettre).

Le manipulant transmet alors son télégramme urgent, et en reçoit le collationnement, dont la fin est indiquée par le signal :

· — · — · (fin de transmission).

Pour reprendre la transmission du télégramme interrompu, le manipulant opère comme dans le cas précédent.

Collationnement. — Le collationnement a pour but de vérifier que le télégramme reçu est identique au télégramme transmis.

Le collationnement est :

Partiel, pour les télégrammes en langage clair;

Intégral, pour les télégrammes en langage chiffré, les télégrammes T. C. et les chiffres, dans l'ordre où ils se présentent dans le texte.

Collationnement partiel. — Lorsque le télégraphiste-manipulant du poste de départ a terminé la transmission du télégramme, il envoie le signal :

> • — • — • (fin de transmission)

et les deux postes correspondants se mettent à *feu fixe*.

Le télégraphiste-manipulant du poste d'arrivée compare alors le nombre de mots reçus au nombre annoncé.

1er cas. — Ces deux nombres sont identiques.

Le poste d'arrivée, après avoir fait des appels :

> ■ — ■ — ■ — ■ ■

et reçu de son correspondant :

> — • • • • — • (invitation à transmettre)

donne le collationnement partiel dans la forme suivante :

> Reçu O, NR 8, W 10, 18 h. (par exemple)

puis :

Les noms propres,
Les mots douteux,
Les mots importants,
Les chiffres.

Il termine le collationnement par le signal :

> • — • — • (fin de transmission).

Le poste de départ renvoie le même signal.

Les deux postes échangent ensuite un point et se remettent à feu fixe.

2° *cas.* — Ces deux nombres ne sont pas identiques;
soit, par exemple, 22 mots annoncés et 20 mots reçus.

Le poste d'arrivée fait des appels :

· — · — · — · · — · ·

et reçoit de son correspondant :

— · · · · · — · (invitation à transmettre).

Il envoie alors :

20 W · · — · · · —

signifiant : Je ne trouve que 20 mots, est-ce bien cela ?
Et les deux postes se mettent à feu fixe.

a) Si le poste de départ constate qu'il s'est trompé
en comptant les mots, il fait des appels :

· — · · — · · — · ·

et reçoit de son correspondant :

— · · · · · — · (invitation à transmettre).

Il envoie alors :

Oui, 20 W · — · — ·

signifiant : Oui, c'est bien 20 mots, vous avez raison.

Et les deux postes se mettent à feu fixe.

Le poste d'arrivée donne alors le collationnement
partiel comme dans le premier cas.

b) Si, au contraire, le poste de départ a bien compté
22 mots, il fait des appels :

· — · — · — · — · ·

et reçoit de son correspondant :

— · · · · · — · (invitation à transmettre).

Il envoie alors :

Bien 22 W, je · — — · · ·

signifiant : Non, il y a bien 22 mots; je répète mon
télégramme.

Il répète alors l'initiale de chaque mot, et le poste d'arrivée donne le point après chaque initiale.

A la lecture d'un mot qu'il n'a pas reçu, le poste d'arrivée « coupe » et envoie le signal :

— ·· · ·· —·   (invitation à transmettre)

et masque son feu.

Le poste de départ reprend la transmission intégrale en commençant par *le mot qui suit le dernier mot pour lequel il a reçu le point* et la continue jusqu'à ce que le poste d'arrivée, recevant un mot déjà transmis, « coupe » et envoie le signal :

—· —· ···   (CI, signifiant : continuez la transmission des initiales).

Le collationnement des initiales continue ainsi jusqu'à ce que l'accord sur le nombre de mots soit fait. Dès que cet accord est fait, le poste d'arrivée « coupe » et envoie le signal :

··· ·—·   (compris)

puis il donne le collationnement partiel, comme dans le premier cas.

Collationnement intégral. — Lorsque le poste de départ a terminé la transmission du télégramme, il envoie le signal :

—·—·   (fin de transmission).

Le poste d'arrivée répond par le signal :

···—·   (compris)

puis il commence aussitôt le collationnement intégral en retransmettant intégralement le télégramme, et *sans se préoccuper du nombre de mots*. Ce nombre est rectifié ensuite, s'il y a lieu.

Pendant le collationnement, si le poste de départ constate une omission ou une erreur, il coupe aussitôt et la rectifie en reprenant la transmission *au mot qu'il a coupé.*

Télégraphie optique.   9

Dès que le passage est rétabli, le poste d'arrivée coupe et envoie le signal :

· · · — · (compris),

puis il continue le collationnement.

Le collationnement terminé, le poste d'arrivée envoie le signal :

— · — · (fin de transmission).

Le poste de départ répond par le même signal.

Les deux postes échangent ensuite un point et se remettent à feu fixe.

Clôture. — A l'heure fixée pour cesser les communications, le poste ayant reçu l'ordre de donner clôture transmet à son correspondant le mot « clôture ».

Celui-ci répète ensuite le mot « clôture ».

Les deux postes échangent ensuite un « compris », puis un point.

La clôture ne doit jamais interrompre la transmission ou la réception commencée d'un télégramme.

Paris, le 22 janvier 1913.

Le Ministre de la Guerre,

Signé : MILLERAND.

ANNEXES

ANNEXE Nº 1.

DOTATION EN APPAREILS OPTIQUES DE CERTAINS CORPS DE TROUPE D'INFANTERIE.

(Dépêche ministérielle du 16 juin 1909, nº 15700 2/4.)

DÉSIGNATION DES CORPS.	NOMBRE D'APPAREILS de 0,10 avec accessoires. —— Tableau E.	ASSORTIMENT D'OBJETS DIVERS pour télégraphie optique. —— Tableau F.
I. Troupes stationnées sur le territoire de la 7ᵉ région, unités actives seulement :		
Régiments actifs d'infanterie........	3	1 assortiment par appareil.
Bataillons de chasseurs à pied actifs	3	Idem.
II. Troupes alpines :		
Bataillons alpins entrant dans la composition des groupes alpins...	Autant que de compagnies + 1.	Idem.
Régiments d'infanterie actifs, de réserve ou territoriaux, et les bataillons de chasseurs à pied, de réserve ou territoriaux, stationnés sur le territoire des 14ᵉ et 15ᵉ régions y compris la Corse........	2 par bataillon.	Idem.

POIDS.

Un appareil de 10, avec accessoires et sacoche......... 24ᵏ 820
    (Porté par trois télégraphistes.)

Un assortiment d'objets divers :

I... 12 105

II.. 7 825

Télégraphie optique. 5.

ANNEXE N° 2.

TABLEAU E.

POSTE OPTIQUE DE CAMPAGNE D'INFANTERIE
TYPE 1908
(UNITE COLLECTIVE VII LETTRE).

Répartition du matériel entre les télégraphistes.

NUMÉROS de la NOMEN-CLATURE		DESIGNATION du MATÉRIEL.	QUANTITÉS et CLASSEMENT en catégories			OBSERVATIONS.
S.	D.		1re.	2e.	3e.	
		1er Télégraphiste.				
		APPAREIL OPTIQUE.				
95	19	Appareil à lentilles de 0,10, modèle 1908........	1	»	»	
96	575	Sac pour appareil optique de 0,10, modèle 1908....	1	»	»	
		2e Télégraphiste.				
		HÉLIOGRAPHE ET ACCESSOIRES D'APPAREILS OPTIQUES.				
96	»	Sac pour accessoires d'appareil optique de 0,10, modèle 1908.............	1	»	»	Avec comparti-ments.
95	20	Héliographe de campagne.	1	»	»	Dans le comparti-ment central.
96	5	Bidon carré d'un litre....	1	»	»	Dans le comparti-ment de gauche.
»	»	Oculaire de réglage pour appareil optique de 0,10, modèle 1908.............	1	»	»	Dans son support à droite.

NUMÉROS de la NOMENCLATURE		DÉSIGNATION du MATÉRIEL	QUANTITÉS et CLASSEMENT en catégories.			OBSERVATIONS.
S.	D.		1re.	2e.	3e.	
90		Carnet de dépêches modèle de campagne :				
	450	de départ.............	»	»	1	
	452	d'arrivée et de transit	»	»	1	
	473	Cartons pour carnets de dépêches :				Dans le compartiment de droite.
		de départ.............	»	1	»	
		d'arrivée et de transit	»	1	»	
72	74	Crayons noirs............	»	»	2	
96	568	Pistolet signaleur........	1	»	»	Dans le fond, le pistolet à plat, le porte-bec de champ, les tuyaux de caoutchouc enroulés dans l'espace libre.
41	420	Porte-bec acétylène pour appareil optique de 0,10.	1	»	»	
	488	Tuyaux de caoutchouc de 0m,75 de longueur......	1	»	2	
46	»	Trousse pour accessoires d'appareil optique de 0,10 non garnie.........	1	»	»	La trousse garnie est placée de champ dans l'espace compris entre le compartiment de l'héliographe et la paroi extérieure du sac.
	373	Étui pour rondelles, ressorts de rechange et accessoires d'appareil optique de 0,10 à l'acétylène........	1	»	»	
41		Épinglettes pour becs à acétylène :				
	460	Fil fin............	»	»	2	
	461	Gros fil............	»	»	1	
	486	Tubes de blanc de zinc pour joints............	»	»	1	
	487	Tubes de graisse plombaginée pour robinets....	»	»	1	Répartis dans les pochettes et les passants de la trousse pour accessoires.
77	38	Rondelles en caoutchouc..	»	»	4	
96	46	Ressorts à boudin........	»	»	3	
10	1183	Pince plate pour appareil optique............	»	1	»	
	1580	Tournevis pour appareil optique petit..........	1	»	»	
41	405	Bec à acétylène pour appareil optique de 0,10..	»	»	7	
96	549	Boussole avec étui........	1	»	»	
	552	Ciseaux (pour appareil optique) [paire de]......	1	»	»	

(note en marge verticale : Dans l'étui pour rondelles, etc.)

NUMÉROS de la NOMENCLATURE S.	D.	DESIGNATION du MATÉRIEL.	QUANTITÉS et CLASSEMENT en catégories. 1re.	2e.	3e.	OBSERVATIONS.
	557	Jeu de verre pour cheminée d'appareil de 0,10..	»	»	1	Répartis dans les pochettes et les passants de la trousse pour accessoires.
	560	Mèche pour lampe d'appareil de 0,10............	»	»	1	
	»	Obturateur de rechange pour appareil optique de 0,10, modèle 1908....	1	»	»	
96	»	Trousse pour six cartouches de pistolet signaleur non garnie........	1	»	»	La trousse garnie est placée de champ contre la trousse pour accessoires.
35	7	Cartouches pour pistolet signaleur.............	»	»	6	Dans leur trousse.
90	455	Enveloppes blanches de dépêches (paquet de 100).............	»	»	1	Dans une pochette en toile placée de champ entre le compartiment aux carnets et les trousses.
83	397	Torchon............	»	»	1	Pliés sur le bidon à pétrole.
96	555	Peau de chamois..........	»	»	1	

8e Télégraphiste.

PIED D'APPAREIL ET GÉNÉRATEUR A ACÉTYLÈNE.

96	556	Étui de pied pour appareil optique de 0,10.....	»	»	»	Autour du pied.
	»	Pied pour appareil optique de 0,10, modèle 1908.	1	»	»	
41	412	Étui en cuir pour générateur d'appareil optique de 0,10..............	1	»	»	Fixé par ses courroies au pied de l'appareil.
	416	Générateur à acétylène pour appareil optique de 0,10..............	1	»	»	
	406	Boîte étanche à carbure de calcium............	2	1	»	Dans les poches de l'étui.
79	83	Carbure de calcium......	»	»	1 k	

POIDS DES CHARGEMENTS.

1er télégraphiste............................ 8 k. 100
2e télégraphiste............................ 9   620
3e télégraphiste............................ 7   100

TABLEAU F.

LOT DE MATÉRIEL
POUR TÉLÉGRAPHIE OPTIQUE D'INFANTERIE
TYPE A. — UNITÉ COLLECTIVE I-67.

(À RAISON DE UN LOT PAR APPAREIL.)

NUMÉROS de la NOMEN-CLATURE.		DESIGNATION du MATÉRIEL.	QUANTITÉS et CLASSEMENT en catégories.			OBSER-VATIONS.
S.	D.		1re.	2e.	3e.	
10	584	Étui en fer blanc.........	1	»	»	Pour les car-touches de pisto-let signaleur.
35	7	Cartouches pour pistolet signaleur.............	»	»	80	Moitié blanches, moitié rouges.
41	508	Boîtes étanches à carbure de calcium...........	»	1	»	
53	78	Crayons noirs...........	»	»	10	
79	83	Carbure de calcium.......	»	»	1 k.	
		Carnets de dépêches, mo-dèle de campagne :				
90	450	de départ...........	»	»	3	
	452	d'arrivée et de transit	»	»	3	
	455	Enveloppes blanches de dépêches (paquet de 100)............	»	»	1	
96	273	Bidon carré de 8 litres...	1	»	»	
		Dans les corps de troupe des 14e et 15e régions, ce lot de matériel (type B, unité collective I-68) comporte, au lieu de bi-don à pétrole carré de 8 litres :				
96	5	Bidon carré d'un litre....	1	»	»	

TABLEAU H.

MATÉRIEL OPTIQUE.

LOT D'INSTRUCTION.

PAR ATELIER OPTIQUE.	CATÉGORIES		OBSERVATIONS.
	2ᵉ.	3ᵉ.	
Boîte étanche de calcium vide.........	1	»	
Carton pour carnet de dé- { Départ.....	1	»	
pêches. . . . . { Arrivée.....	1	»	
Instruction sur le service de la télégraphie optique dans les corps de troupe d'infanterie.	1	»	
Becs à acétylène....................	»	7	
Epinglettes. . . . . { Gros fil....	»	1	
{ Fil fin.....	»	2	
Tube de graisse plombaginée...........	»	1	
Tube de blanc de zinc.................	»	1	
Tuyaux de caoutchouc de 0ᵐ,75........	»	2	
Carbure.	»	1 k.	
Cartouches pour pistolet signaleur......	»	6	3 blanches et 3 rouges.
Carnet de télégrammes... { Départ.....	»	1	
{ Arrivée et transit...	»	1	
Enveloppes de dépêches................	»	1	Paquet de 100.
Rondelles diverses en caoutchouc........	»	4	
Ressorts à boudin....................	»	3	
Verre de cheminée d'appareil de 0,10..	»	1	
Mèche pour lampe d'appareil de 0,10..	»	1	

ANNEXE N° 3.

TABLEAU DES SIGNAUX MORSE EMPLOYÉS EN TÉLÉGRAPHIE MILITAIRE.

1° Lettres.

a	·—	i	··	r	·—·
à	·——	j	·———	s	···
b	—···	k	—·—	t	—
c	—·—·	l	·—··	u	··—
ç	—·—··	m	——	ü	··——
d	—··	n	—·	v	···—
e	·	o	———	w	·——
é	··—··	ö	———·	x	—··—
f	··—·	p	·——·	y	—·——
g	——·	ch	————	z	——··
h	····	q	——·—		

2° Chiffres.

1	·————	6	—····
2	··———	7	——···
3	···——	8	———··
4	····—	9	————·
5	·····	0	—————

Barre de fraction ———— ——— —— ou —— ——— ————

3° Ponctuations.

Point.	·· ·· ··	(IH).
Point-virgule.	—·· —·· —··	(NNN).
Virgule.	·— ·— ·—	(AAA).
Deux points.	——— ···	(OS).
Trait d'union.	—·· ··—	(DU).
Souligné.	··— —·—	(UK).
Point d'exclamation.	——· ·——	(GW).
Point d'interrogation.	··— —··	(UD).
Apostrophe.	·—— ——·	(WG).
Alinéa.	·— ·—··	(AL).
Guillemets avant et après les mots.	·—· ·—·	(RR).
Parenthèses avant et après les mots	—·— —·—	(KK).

4° Indications de service.

Appels.	· — · — · — · — · — · — — (AAA..).
Compris.	· · · — · (IR).
Erreur.	· · · · · · · · ·
Fin de transmission.	· — · — · (AR).
Attente.	· — · · · (AS).
Invitation à transmettre.	— · · — · — · (BR).
Signal de séparation. . . .	— · · · — (BT).
Extrême urgence.	— · · — · (T. C).
Télégramme collationné.	— · · (D).

5° Abréviations conventionnelles.

Faites des appels. F. A.	· · — · · —
Manipulez doucement. M. D. . .	— — — · ·
Séparez mieux les signaux. S. S.	· · · · · ·
Continuez la transmission des initiales. C. I.	— · — · · ·
Recevez télégramme urgent. R. D. D.	· — · — · · — · ·
Collationnez. C. O. L. . . . . ,	— · — · — — — · — · ·
Comment recevez-vous ? C. R. V.	— · — · · — · · · · —

Dans le collationnement des textes chiffrés, on fait usage des abréviations suivantes :

1	· — — —		6	— · · · ·
2	· · — — —		7	— — · · ·
3	· · · — —		8	— — — · ·
4	· · · · —		9	— — — — ·
5	· · · · ·		0	— — — — —

Barre de fraction : — · · · — · · · —

ANNEXE N° 4.

MODÈLE D'ORDRE PRESCRIVANT L'INSTALLATION D'UN POSTE OPTIQUE.

* DIVISION.

* BRIGADE.

* Régt ou Batain.

ORDRE.

Thoury, le 29 juillet, 1 h. soir.

I. Un atelier de T. O. du 42ᵉ régiment d'infanterie cantonné à *Thoury* installera, le 29 juillet au soir, un poste optique au N. O. de *Thoury*, à la cote 168,

Pour correspondre avec un poste optique établi par un atelier du 35ᵉ régiment d'infanterie, placé à 1 kilomètre à l'est de la Fᵉ de *Palmort*.

II. La recherche du correspondant commencera à 18 heures.

Le signal de reconnaissance sera la lettre R.

Le poste de *Thoury* brûlera..	fusée blanche (1).
	fusée rouge
Le poste correspondant brûlera...............	fusée blanche
	fusée rouge

Le poste de *Thoury* fera des stations longues.

III. En cas d'échec dans la recherche, on abandonnera le poste de *Thoury* à 19 heures, et on se reportera à la pointe S. E. des *Grands-Bois*.

_____

(1) Le nombre des fusées brûlées par corps de troupe doit se partager autant que possible en parties égales de blanches et de rouges, pour tenir compte de la composition des approvisionnements.

Les recherches seront reprises à 20 heures dans la même direction.

Le poste de *Thoury brûlera.* ⎰ 1 fusée blanche (1).
⎱ 1 fusée rouge.

Le correspondant brûlera.... ⎰ 1 fusée blanche.
⎱ 1 fusée rouge.

IV. Dans aucun cas la recherche ne sera abandonnée avant 2 heures, le 30 juillet.

Le Général, commandant la brigade,

(1) Le nombre des fusées par corps de troupe doit se partager autant que possible en parties égales de blanches et de rouges, pour tenir compte de la composition des approvisionnements.

ANNEXE N° 5.

PROCÈS-VERBAL JOURNALIER.

MODÈLE N° 5.

(1) Appareils optiques.

Date :   191 . — Poste de   . — Appareil n° (1).

INDICA-TIONS de SERVICE.	POSTE D'AR-RIVÉE.	POSTE DE DÉPART.	N.R.	W.	HEURES			OBSER-VATIONS.
					de DÉPÔT.	de TRANS-MISSION	de RÉCEP-TION.	

ANNEXE N° 6.

TABLEAU DES ABRÉVIATIONS A EMPLOYER EN TÉLÉGRAPHIE MILITAIRE.

1° Abréviations militaires.

Officier	Off.	Cavalerie	Cavie.
Général	Gal.	Artillerie	Artie.
Colonel	Col.	Génie	Gie.
Commandant	Cdt.	Gendarmerie	Gend.
Major	Maj.	Corps	Cps.
Capitaine	Cne.	Division	Div.
Lieutenant	Lt.	Brigade	Bge.
Adjudant	Adjdt.	Régiment	Rgt.
Sergent	Sgt.	Bataillon	Btn.
Caporal	Cal.	Compagnie	Cie.
Maréchal des logis	Mar.d.log.	Escadron	Esc.
		Batterie	Bie.
Brigadier	Bgr.	Peloton	Pel.
Soldat	Sdt.	Section	Sct.
Canonnier	Can.	Détachement	Dcht.
Cavalier	Cav.	Administration	Adon.
Sapeur	Sap.	Approvisionnement	Appt.
Télégraphiste	Tél.	Auxiliaire	Aux.
Intendant	Int.	Homme	H.
Adjoint	Adjt.	Cheval	Ch.
Médecin	Mcin.	Militaire	Mre.
Vétérinaire	Vét.	Habitant	Hab.
Directeur	Dr.	Gouverneur	Gvr.
Principal	Pal.	Gouvernement	Gvt.
Etat-major	Et.-m.		
Infanterie	Inf.		

2° Unités de mesure.

Kilomètre	Km.	Décilitre	Dl.
Mètre	M.	Centilitre	Cl.
Décimètre	Dm.	Tonne	T.
Centimètre	Cm.	Quintal	Ql.
Millimètre	Mm.	Quintaux	Qx.
Hectolitre	Hl.	Kilogramme	Kg.
Décalitre	Déca.	Gramme	Gr.
Litre	L.	Franc	F.

3° Abréviations grammaticales.

Nous........	Ns.	Perpendiculaire	Pp.
Vous........	Vs.	Inférieur.....	Infér.
Tous........	Ts.	Supérieur.....	Sup.
Sous........	Ss.	Rapidement...	Rapdt.
Immédiatement	Imdt.	Modèle.......	Mod.
Quelque.....	Qq.		

ANNEXE N° 7.

PROGRAMME DU COURS DE TÉLÉGRAPHIE POUR LES OFFICIERS ET SOUS-OFFICIERS DES CORPS DE TROUPE D'INFANTERIE MUNIS D'APPAREILS OPTIQUES.

Le nombre des séances à prévoir, à raison de trois par jour (une le matin, deux l'après-midi) est d'environ vingt-deux séances, non compris les séances de nuit.

L'instruction donnée en commun aux officiers et sous-officiers comprendra des conférences faites par des officiers du régiment de sapeurs télégraphistes (en principe, le matin) et des séances pratiques (l'après-midi).

Huit conférences.

1° Organisation du service de la télégraphie militaire. — Télégraphie de campagne. — Télégraphie de forteresse. — Postes radio-télégraphiques.

2° Règles de transmission et de réception employées en télégraphie militaire.

3° *Télégraphie optique.* — Principe des appareils. — Champ. — Puissance. — Rendement. — Réglages. — Entretien.

Méthode d'instruction. — Utilisation de la télégraphie optique. — Organisation des communications temporaires entre les postes du réseau de commandement et les ateliers de télégraphie optique des corps de troupe d'infanterie. — Visites du matériel (instruction du 10 janvier 1905).

4° Description détaillée des appareils de télégraphie optique de campagne. — Mise en station. — Recherche du correspondant. — Repérages.

5° Notions sur les appareils optiques de forteresse. — Emploi des différentes sources lumineuses (pétrole, acétylène, chalumeau oxy-acétylénique, lumière solaire).

6° Appareils téléphoniques d'infanterie. — Messages téléphonés.

7° Construction de lignes téléphoniques.

Particularités relatives à la construction des lignes en pays de montagne (pour les officiers et sous-officiers des 14° et 15° corps).

8° Téléphones de forteresse.

Quatorze séances pratiques de jour
(d'une durée d'une heure et demie chacune).

1° Méthode d'instruction en télégraphie optique. — Entretien des appareils. — Réglage des appareils.

2° Mise en station des appareils optiques de campagne.

3° Recherche du correspondant. — Repérages. — Usage de l'héliographe.

5° Emploi de l'acétylène, de la lumière oxyacétylénique et de la lumière électrique.

6° Appareils télescopiques. — Réglages.

7° Appareils téléphoniques d'infanterie, de forteresse. — Visite à une fabrique d'appareils.

8° Emploi des appareils téléphoniques d'infanterie.

9° Construction et relèvement des lignes téléphoniques.

10° Exploitation d'une ligne. — Messages et conversations téléphoniques.

11°, 12°, 13°, 14° Optique poste à poste de jour (l'un des appareils correspondant étant desservi par les sapeurs télégraphistes, l'autre par les sous-officiers d'infanterie).

Optique de nuit poste à poste (nombre de séances indéterminé).

Deux exercices optiques de nuit d'ensemble. — Organisation d'un réseau. Recherche du correspondant.

TABLE DES MATIÈRES.

CHAPITRE V.

INSTALLATION D'UN POSTE OPTIQUE DE CAMPAGNE.

CHAPITRE VI.

RÈGLES DE SERVICE SPÉCIALES AUX COMMUNICATIONS OPTIQUES

ANNEXES.

www.ingramcontent.com/pod-product-compliance
Lightning Source LLC
Chambersburg PA
CBHW070806290326
41931CB00011BA/2147